KB192988

소중한 _____ 에게

_____ 가

예수님을 알아가는 기쁨

스토리
바이블

예수님을 알아가는 기쁨

스토리
바이블

지은이 • 셀리 로이드 존스   그린이 • 제이고

두란노

지은이 | 셀리 로이드 존스(Sally Lloyd-Jones)

셀리는 영국 태생으로 2살 때 뉴욕으로 이사한 후 지금까지 머무르면서 오랜 꿈이었던 동화작가로 활동하고 있습니다.
그녀는 어린이들에게 영감을 주는 책을 만들어 내는 영향력 있는 작가로서, 복음주의 기독교 출판협회에서 주는 Gold Medallion
상을 수상한《Baby's First Bible》을 포함해 3권의 베스트셀러와 다수의 그림책을 저술하였습니다. 특별히《Handbag Friends》
와《Time To Say Goodnight》은 지금도 꾸준히 사랑받고 있는 그림책입니다.

그린이 | 제이고(Jago)

제이고는 Winner of the UK Further Education Funding Council Calendar Prize(2000), Highly Commended상(2003), AOI
Silver상(2004), NLA Wow!상(2006) 등 여러 명망 있는 상을 수상한 독창성 있는 삽화가입니다. 지금도 왕성한 활동을 하고 있
는 제이고는 부인과 딸과 함께 영국 콘월에 살고 있습니다.

옮긴이 | 윤종석

전문 번역가 윤종석은 서강대 영어영문학과를 졸업하고 미국 Golden Gate Baptist Theological Seminary에서 교육학(MA)을
Trinity Evangelical Divinity School에서 상담학(MA)을 공부하였습니다. 《하나님의 모략》,《순종》,《결혼 건축가》,《예수님처럼》,
《예수님이 키우는 아이들》,《어린이 그림 성경》,《예꿈성경》,《처음 읽는 성경 이야기》등 다수의 책을 번역하였습니다.

스토리 바이블

지은이 | 셀리 로이드 존스
그린이 | 제이고
옮긴이 | 윤종석
초판 발행 | 2008. 9. 30
개정2판 1쇄 | 2021. 11. 10
개정2판 6쇄 | 2024. 12. 19
등록번호 | 제1988-000080호
등록처 | 서울특별시 용산구 서빙고로65길 38
발행처 | 사단법인 두란노서원
영업부 | 2078-3333 Fax 080-749-3705
출판부 | 2078-3331

| 책값은 뒤표지에 있습니다.
ISBN 978-89-531-4093-6 03230

| 독자의 의견을 기다립니다.
tpress@duranno.com   www.duranno.com

The Jesus Storybook Bible
Copyright © 2007 by Zondervan
Text copyright © 2007 by Sally Lloyd-Jones
Illustration copyright © 2007 by Jago Silver

감사의 말

"제가 주님을 택한 것이 아닙니다.
주님, 그것은 있을 수 없는 일입니다.
주께서 저를 택하여 주시지 않았다면
제 마음은 지금까지도 주를 마다할 것입니다.

주님 앞에서 제 마음은 가진 게 없습니다.
주의 풍성한 은혜에 목마를 뿐입니다.
제가 주님을 사랑한다면, 그것은 분명히
주께서 먼저 저를 사랑하셨기 때문입니다."

-조사이어 콘더(Josiah Conder, 1836)

많은 분에게 크나큰 감사의 빚을 졌다. 그들이 아니었다면 이 책을 쓰지 못했을 것이다. 티모시 켈러 박사의 가르침은 모든 이야기를 일러 주었다. 나는 그에게서 마음껏 빌려다 썼다. 그의 지혜, 내게 믿음의 어휘력을 준 것, 내 눈을 떠서 은혜의 경이로움을 보게 해 준 것에 감사드린다. 네 살배기인 나에게 이 이야기를 처음 들려주셨던 우리 부모님께, 그리고 그 이야기대로 산 핸머에게 감사드린다. 그리고 내 생명이신 그분께 모든 것을 드린다. 모든 찬송을 그분께 올린다.

셀리 로이드 존스

CONTENTS

구약에서

신약에서

인용문

"나는 알파와 오메가요 처음과 마지막이요 시작과 마침이다."

요한계시록 22:13

"예수께서는 모세와 모든 예언자들로부터 시작해 성경 전체에서 자기에 관해 언급된 것을 그들에게 자세히 설명해 주셨습니다."

누가복음 24:27

"하나님께서 세상을 이처럼 사랑하셔서 외아들을 주셨으니 이는 그를 믿는 사람마다 멸망하지 않고 영생을 얻게 하려는 것이다. 하나님께서 자신의 아들을 세상에 보내신 것은 세상을 심판하시려는 것이 아니라 그 아들을 통해 세상을 구원하시려는 것이다."

요한복음 3:16~17

"나는 빛으로 이 세상에 왔다.
나를 믿는 사람은 누구든지 어둠 속에 머무르지 않을 것이다."

요한복음 12:46

"주 여호와께서 모든 얼굴에서 눈물을 씻기시며…"

이사야 25:8

"삶은 언제나 나에게 무엇보다도 먼저 이야기로 느껴졌다.
이야기가 있으면 이야기하는 이도 있게 마련이다."

G. K. 체스터톤(Chesterton)

이야기와 노래

들어가는 말 시편 19편, 히브리서 1장

하늘이 하나님의 영광을 선포하고
창공이 그 손으로 하신 일을 보여 줍니다.
날이면 날마다 말씀을 쏟아 붓고
밤이면 밤마다 지식을 나타냅니다.

(시편 19:1~2)

하나님은 "사랑해!"라고 새겨 놓으셨어요. 하늘과 땅, 바닷속, 온 세상에 그렇게 쓰셨지요. 하나님이 지으신 세상의 모든 것들이 거울처럼 그분을 비추어요. 그래서 우리는 하나님이 어떤 분인지 볼 수 있고, 그분을 더 잘 알 수 있지요.

또 우리의 마음에서는 노래가 흘러나와요. 자기 꼬리를 잡으려 드는 아기 고양이도, 언덕에 피는 빨간 들꽃들도, 헤엄치는 돌고래도 제가끔 하나님을 노래하지요.

하나님은 또 "사랑해!"라고 말씀하셨어요. '성경' 책 속에 그렇게 쓰셨어요.

노아　　　모세　　　다윗　　　레아　　　다니엘

　어떤 사람들은 성경이 규칙의 책이라고 말하죠. 해야 할 일들과 하지 말아야 할 일들을 알려 주는 책이라고요. 물론 성경에는 규칙도 들어 있어요. 어떻게 살아야 제일 좋은지 성경을 보면 알 수 있죠. 하지만 성경은 우리에 대한 책, 우리가 해야 할 일에 대한 책이 아니에요. 성경은 하나님에 대한 책, 하나님이 이미 하신 일에 대한 책이랍니다.

마리아   베드로   요셉   아브라함   사울

또 어떤 사람들은 성경이 영웅들의 책이라고 해요. 우리가
본받아야 할 사람들을 보여 주는 책이라고요. 성경에 영웅들이
등장하긴 하죠. 하지만 성경에 나오는 사람들은 대부분 영웅이
아니에요. 그들은 큰 실수를 저지르거든요. 어떤 때는 일부러
그러기도 하지요. 또 두려워서 도망치기도 하고요. 게다가 아주
치사한 행동을 할 때도 있지요.

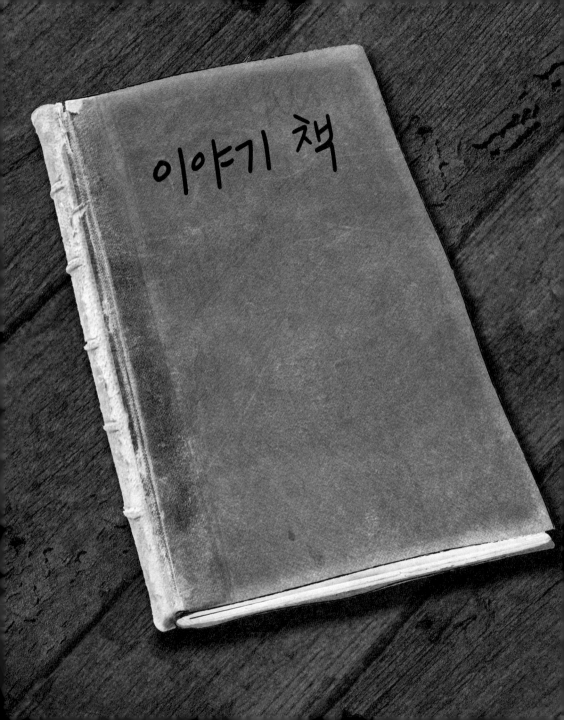

그래요. 성경은 규칙의 책이나 영웅들의 책이 아니에요. 성경에는 하나의 이야기가 흐르고 있어요. 잃어버린 보물을 되찾으려고 먼 나라에서 오는 한 젊은 영웅의 모험 이야기 말이에요. 또 사랑하는 사람을 구하려고 자신의 왕궁과 왕좌를, 모든 것을 버리는 용감한 왕의 사랑 이야기이기도 하답니다.

성경은 이 세상에서 실제로 이루어진, 가장 신기한 옛날이야기예요! 무엇보다도 가장 좋은 점은, 그 내용이 모두 사실이라는 거예요.

성경에 나오는 갖가지 이야기들은 모여서 하나의 큰 이야기를 이룬답니다. 하나님께서 그분의 자녀들을 정말로 사랑하셔서 그들을 구하러 오신다는 이야기 말이에요!

바로 이 이야기를 위해 성경책 전체가 필요하답니다. 그리고 이 이야기의 중심에는 한 아기가 있어요. 성경의 모든 이야기가 그 아기의 이름을 속삭여 주죠. 아기는 퍼즐의 빠진 조각과도 같아요. 다른 모든 조각들을 한데 들어맞게 하는 결정적인 한 조각이죠. 마지막 조각 하나를 맞추면 갑자기 아름다운 그림 한 폭이 우리 눈앞에 나타나요.

이 아기는 평범한 아기가 아니에요. 모든 것이 이 아기에게 달려 있으니까요. 하지만 아직 조금만 기다리세요. 우리의 이야기는 다른 모든 이야기들처럼 시작돼요. 맨 처음부터요!

시작-완벽한 집

창조의 노래 창세기 1~2장

맨 처음에는 아무것도 없었어요.

들을 것도, 느낄 것도, 볼 것도 하나도 없었답니다.

오로지 텅 빈 공간과 어둠뿐, 그야말로 아무것도 없었던 거예요.

다만, 하나님이 계셨어요. 그리고 하나님께는 놀라운 계획이 있었지요.

하나님이 말씀하셨어요. "내가 이 텅 빈 공간을 가득 채우리라! 어둠에서 빛을 만들리라! 아무것도 없는 데서 모든 것을 만들리라!"

새끼들이 깨어나라고 어미 새가 알을 품고 날개를 퍼덕이듯이, 하나님은 깊고 고요한 어둠을 품으셨어요. 생명을 만들어 내신 거예요.

하나님은 말씀하셨어요. 그뿐이에요. 그분이 말씀만 하시면 뭐든지 그대로 되었죠.

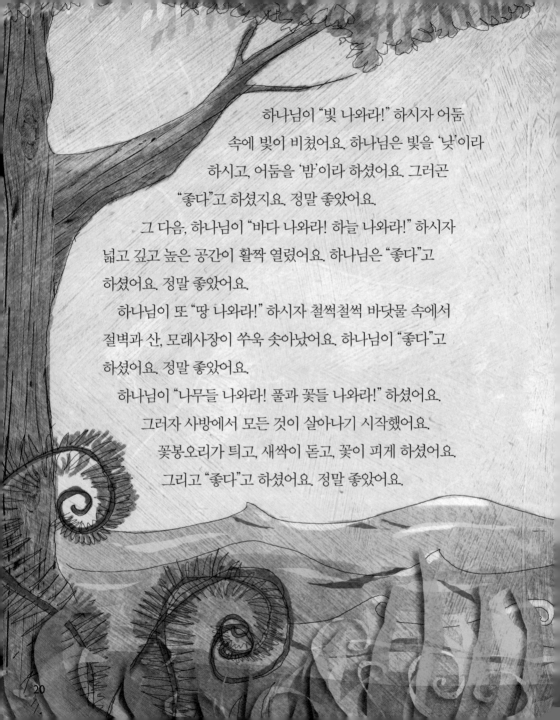

하나님이 "빛 나와라!" 하시자 어둠
속에 빛이 비쳤어요. 하나님은 빛을 '낮'이라
하시고, 어둠을 '밤'이라 하셨어요. 그러곤
"좋다"고 하셨지요. 정말 좋았어요.

그 다음, 하나님이 "바다 나와라! 하늘 나와라!" 하시자
넓고 깊고 높은 공간이 활짝 열렸어요. 하나님은 "좋다"고
하셨어요. 정말 좋았어요.

하나님이 또 "땅 나와라!" 하시자 철썩철썩 바닷물 속에서
절벽과 산, 모래사장이 쑤욱 솟아났어요. 하나님이 "좋다"고
하셨어요. 정말 좋았어요.

하나님이 "나무들 나와라! 풀과 꽃들 나와라!" 하셨어요.
그러자 사방에서 모든 것이 살아나기 시작했어요.
꽃봉오리가 틔고, 새싹이 돋고, 꽃이 피게 하셨어요.
그리고 "좋다"고 하셨어요. 정말 좋았어요.

하나님이 말씀하셨어요. "별들 나와라! 해 나와라! 달 나와라!"
그러자 불붙은 둥근 것들이 어둠 속에서 씽씽 나와서 빙빙
도는 거예요. 주황색, 자주색, 황금색 별들이 뱅글뱅글
소용돌이쳤죠. 하나님은 "좋다"고 하셨어요. 정말 좋았어요.

　　하나님이 이번엔 "새들 나와라!" 하셨어요. 그러자 하늘 가득히
새들이 퍼덕퍼덕 날갯짓을 하고 짹짹 지저귀었어요. 하나님이 또
"물고기들 나와라!" 하시자, 바다 가득히 물고기들이 휙휙 쏜살같이
오가고, 퍼덕거리며 물을 튀겼죠. 하나님은 "좋다"고 하셨어요. 정말
좋았어요.
　　하나님은 또 "동물들 나와라!" 하셨어요. 그러자 모두들 나와서
뛰놀았답니다. 으르렁, 꼴꼴, 딱딱, 쿵쿵, 신나게 야단법석을 떠느라고
땅은 온통 시끄러운 소리로 넘쳐났지요. 하나님은 "좋다"고 하셨어요.
정말 좋았어요.

하나님은 지금까지 지으신 것들을 둘러보시고 사랑하셨어요. 모든
것은 하나님이 사랑해 주시니까 사랑스러웠어요.

그런데 하나님은 가장 좋은 것을 맨 나중으로 남겨 두셨답니다.
처음부터 하나님의 마음속에는 빛나는 꿈이 하나 있었거든요. 사람을
지어서 그분의 영원한 행복을 함께 나누는 꿈이죠. 사람들은 하나님의
자녀가 되고, 세상은 그들에게 흠잡을 데 없이 완전한 집이 되는
거예요.

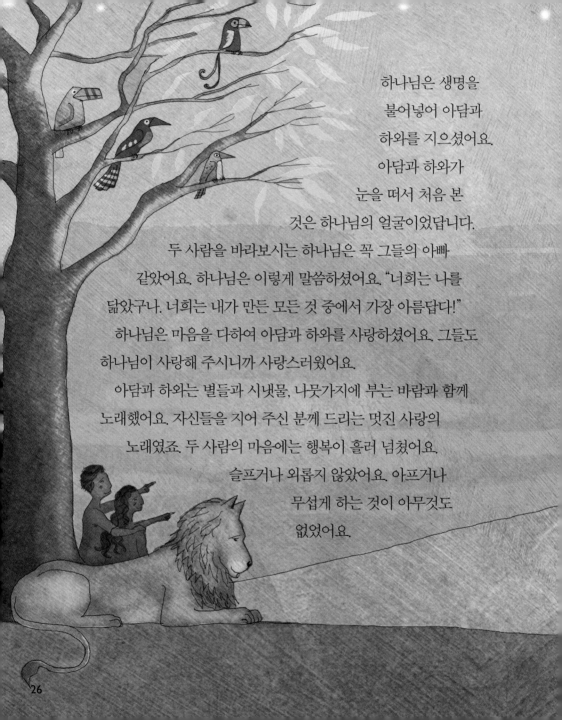

하나님은 생명을
불어넣어 아담과
하와를 지으셨어요.
아담과 하와가
눈을 떠서 처음 본
것은 하나님의 얼굴이었답니다.
두 사람을 바라보시는 하나님은 꼭 그들의 아빠
같았어요. 하나님은 이렇게 말씀하셨어요. "너희는 나를
닮았구나. 너희는 내가 만든 모든 것 중에서 가장 아름답다!"
하나님은 마음을 다하여 아담과 하와를 사랑하셨어요. 그들도
하나님이 사랑해 주시니까 사랑스러웠어요.
아담과 하와는 별들과 시냇물, 나뭇가지에 부는 바람과 함께
노래했어요. 자신들을 지어 주신 분께 드리는 멋진 사랑의
노래였죠. 두 사람의 마음에는 행복이 흘러 넘쳤어요.
슬프거나 외롭지 않았어요. 아프거나
무섭게 하는 것이 아무것도
없었어요.

하나님은 지으신 모든 것을 보시고 "흠잡을 데 없다!"라고
하셨어요. 정말 그랬답니다.

별들과 산들, 바다들과 은하수들, 이 모든 것은 자녀를 향한
하나님의 그 크신 사랑에 비하면 아무것도 아니었어요. 자녀와
가까워지기 위해서라면, 하나님은 하늘과 땅이라도 움직이실 거예요.
무슨 일이 닥치든, 어떤 큰 대가를 치르든 언제까지나 자녀들을
사랑하실 거예요.

하나님의 놀라운 사랑 이야기는 이렇게 시작되었답니다.

더러운 거짓말

모든 것을 잃어버린 아담과 하와 창세기 3장

아담과 하와는 아름다운 새집에서 행복하게 살았습니다. 모든 것이 흠잡을 데 없었어요. 한동안은 말이지요.

그러던 어느 날, 모든 것이 잘못되고 말았어요.

몹시 나쁜 사탄 때문이었죠. 사탄은 한때 가장 아름다운 천사였어요. 그런데 사탄은 천사로 만족하지 않았어요. 하나님처럼 되려고 했던 거예요. 결국 하나님은 교만하고 악한 사탄을 하늘에서 쫓아내셔야만 했답니다. 사탄은 화가 부글부글 끓어서 하나님을 해칠 기회를 노렸어요. 그는 하나님의 계획을 막고 싶었어요. 하나님의 사랑 이야기를 끝장내려고 한 거예요. 그래서 그는 뱀으로 변장하고 동산에서 기다렸어요.

그전에 하나님은 아담과 하와에게 딱 한 가지 규칙을 정해 주셨어요.

"동산 가운데 있는 나무 열매는 먹지 마라. 먹으면 너희가 무엇이든지 다 안다고 생각될 것이다. 그래서 너희는 더 이상 나를 의지하지 않을 것이다. 그리고 죽음과 슬픔과 눈물이 닥쳐올 것이다."

아담과 하와가 그 열매를 먹는다면 자기들한테 더 이상 하나님은 필요 없다고 생각할 것을 아셨던 거예요. 그들은 하나님 없이 스스로 행복해지려고 하겠지요. 하지만 하나님 없이는 행복할 수 없답니다. 그분은 아셨어요. 하나님 없는 삶은 더 이상 생명이 없는 거예요.

뱀은 기회가 오자 냉큼 하와에게 갔어요. 그리고 이렇게 속삭였죠.

"하나님이 정말 너를 사랑하시니? 사랑한다면 왜 너한테 이 예쁘고 시원하고 맛있는 열매를 못 먹게 하시지? 너도 참 불쌍하구나! 하나님은 네가 행복해지기를 원하시지 않는지도 몰라."

뱀의 말은 나쁜 독처럼 하와의 귓속으로 쏙 들어가 마음속 깊이 자리잡았어요. '하나님이 나를 정말 사랑하실까?' 하와는 의심이 생겼어요. 그러다가 문득….

"나만 믿어." 뱀이 소곤거렸어요.

"너한테 하나님은 필요 없어. 조금 맛만 보면 돼. 한 번만. 그러면 너는 상상도 못하게 행복해질 거야."

하와는 열매를 따서 조금 먹었어요. 아담도 같이 먹었어요.

이렇게 해서 더러운 거짓말이 세상에 들어왔답니다. 그 거짓말은 결코 떠나지 않을 거예요. 그러곤 하나님의 모든 자녀들의 마음속에서 계속 속삭일 거예요.

"하나님은 너를 사랑하시지 않아!"

그 속삭임은 달콤한 꿈이 아니라 악몽이었어요.

비둘기는 날아가 버리고 사슴은 수풀 속으로

달아났어요. 마치 무서운 것이라도 본 것처럼요.

공중에는 찬바람이 불고, 뭔가 이상한 일이 벌어지고

있었죠. 그때까지 아담과 하와는 항상 벌거벗고 살았어요. 그런데

이젠 자기들의 벌거벗은 것이 부끄러웠어요. 남한테 보이고 싶지도

않았죠. 그래서 그들은 숨었답니다.

그날 저녁에 하나님이 거니시다가 그들을 부르셨어요. "얘들아?"

평소에 하나님의 목소리가 들리면 기뻐하며 그분께

달려갔던 아담과 하와가 이젠 그분을 피해 그늘 속에

숨었어요.

"너희가 어디 있느냐?" 하나님이 부르셨어요.

아담이 말했어요. "하나님이 무서워서 숨었습니다."

하나님이 물으셨어요. "내가 먹지 말라고 한 그 열매를 먹었느냐?"

아담이 대답했어요. "하와가 시켜서 그랬어요!"

하나님이 하와에게 물으셨어요. "네가 무슨 일을 했느냐?"

"뱀이 시켜서 그랬어요!" 하와가 말했어요.

하나님은 말할 수 없이 마음이 아팠어요. 아담과 하와는 그저
규칙 하나만 어긴 것이 아니라 하나님의 마음을 찢어 놓았던 거예요.
그들은 하나님과의 아름다운 관계를 끊어트렸어요.

이제 다른 것들도 다 망가질 것을 하나님은
아셨어요. 하나님이 지으신 자연은
망가지고 어그러질 거예요. 이제부터
모든 것이 죽게 될 거예요. 원래는 다
영원히 살게 되어 있었는데 말이에요.

이렇게 해서 하나님이 지으신 흠잡을 데 없는 세상에 죄가
들어왔어요. 그리고 죄는 결코 떠나지 않을 거예요. 하나님의 자녀는
언제나 그분을 피해서 달아나 어둠 속에 숨겠지요. 그들의 마음은
깨어져서 제구실을 하지 못할 거예요. 그렇지만 하나님은
자녀를 그런 고통 속에서 영원히 살게 하실 수 없었어요.
그들을 보호할 길은 하나뿐이었어요.
"이제 너희는 동산을 떠나야 한다."
하나님의 눈에는 눈물이 그렁그렁 맺혔어요.
"이제 동산은 너희 집이 아니다. 너희가 있을 곳이 아니다."

　　그러나 하나님은 아담과 하와가 동산을 떠나기 전에 옷을 지어
주셨어요. 하나님은 정성스레 옷을 입히시고 나서, 아담과 하와를
떠나보내셨어요. 동산 밖으로, 집 밖으로 내보내셨어요.
　　다른 이야기 같으면 여기서 끝이 나고 이렇게 썼겠지요.

"끝"

하지만 이 이야기는 그렇지 않아요.

하나님은 그분의 자녀를 너무너무 사랑하셔서 이야기를 여기서 끝내실 수 없었어요. 자신이 고통당할 것을 뻔히 아시면서도 하나님은 계획을 세우셨어요. 아주 멋진 꿈이었죠. 언젠가 하나님은 자녀를 다시 데리러 오실 거예요. 언젠가 하나님은 세상을 다시 흠잡을 데 없는 자녀들의 집으로 만들어 주시고 그 눈에서 모든 눈물을 닦아 주실 거예요.

하나님의 자녀는 비록 그분을 피해 달아나고 잊어버리더라도, 마음속 깊이 늘 그분을 그리워할 거예요. 길 잃은 아이들이 집을 찾듯이 말이에요.

아담과 하와가 동산을 떠나기 전에 하나님은 그들에게 한 가지 약속을 속삭여 주셨어요. "내가 너희를 구하러 갈 것이다! 내가 가면 뱀과 싸울 것이다. 너희가 이곳에 들여놓은 죄와 어둠과 슬픔을 내가 다 없앨 것이다. 내가 너희를 데리러 갈 것이다!"

하나님은 약속대로 언젠가 직접 오실 거랍니다.

새로운 시작

노아의 방주 창세기 6~9장

노아

세월이 흘러서 땅에는 사람들이 가득해졌어요. 그런데 사람들은 어디를 가든 하나님을 잊고 늘 나쁜 짓만 했어요.

이런 세상을 보신 하나님의 마음은 이루 말할 수 없이 아팠어요. 어디에나 병과 죽음과 슬픔이 있었거든요. 모두 하나님이 가장 싫어하시는 것들이지요.

다만 노아만은 하나님의 친구였어요. 그 당시엔 노아 말고는 하나님의 친구가 하나도 없었지요. 노아는 하나님의 말씀을 듣고, 하나님께 말씀드리기도 했어요. 노아는 그냥 하나님과 함께 있기만 해도 좋았어요. 우리가 제일 친한 친구랑 같이 있으면 좋은 것처럼 말이에요.

하나님이 말씀하셨어요. "노아야, 세상이 잘못되었구나! 사람들은 내 세상을 사랑 대신 미움으로 가득 채웠다. 그들은 자기 자신을, 서로를, 그리고 내 세상을 멸망시키고 있다. 내가 막아야겠다. 방주를 지어라."

하나님은 노아에게 방주 짓는 방법을 하나하나 가르쳐 주셨어요.

하나님이 노아에게 말씀하셨어요. "폭우가 쏟아질 것이다. 하지만 너는 내가 구해 줄 것이다. 약속한다. 내가 동물들을 너에게로 보낼 것이다. 기어 다니는 동물들, 주르르 미끄러져 다니는 동물들, 달리는 동물들, 껑충껑충 뛰는 동물들, 나무를 오르는 동물들이 다 너에게 올 것이다. 모두가 먹을 음식을 준비하거라."

폭우가 내리면 모든 미움과 슬픔과 나쁜 것들이 다 씻겨 나가고 세상은 다시 깨끗해질 거예요. 하나님은 노아를 안전하게 지킬 방법을 생각해 두셨어요. 노아는 하나님을 믿고 하나님이 시키시는 대로 따랐어요.

노아는 방주를 짓기 시작했답니다. 방주는 아주 큰 배를 말해요.

이웃들은 노아를 보고 손가락질하며 웃었어요. 그들은 폭우니, 배니 하는 노아의 말을 믿지 않았어요. 틀림없이 노아는 아주 바보 같아 보였을 거예요. 노아의 배는 바다와 전혀 가깝지 않은 곳에 있었거든요. 하늘에는 구름 한 점 없었어요. 그러니 배는 고사하고 우산도 필요 없겠다 싶었겠죠!

하지만 노아는 누가
뭐라고 하든 신경
쓰지 않았어요. 오직
하나님의 생각에만
신경 썼죠. 노아는
하나님이 하라고 하신
대로만 행했어요.

방주가 다 준비되자
하나님은 "모두 배에
타라!"고 하셨어요.
노아의 가족들과 모든
동물들이 안으로
들어갔지요.

그러자 하나님이
문을 닫으셨어요.

비가 내리기 시작했어요. 몇 분이 지나 몇 시간이 되고, 몇 시간이 지나 며칠이 되고, 며칠이 지나 몇 주가 되도록 비는 그치지 않았어요. 빗방울들이 만나 웅덩이가 되고, 웅덩이들이 만나 강이 되고, 강들이 만나 호수가 되고, 호수들이 만나 온 세상을 덮었답니다.

전에는 그렇게나 커 보이던 방주가 아주 작아졌어요. 물결이 세차게 부서지고, 천둥 번개가 치는 거대한 폭풍이 몰아쳤어요. 하지만 그 가운데 하나님이 그들과 함께 계셨답니다. 자그마치 40일이나 되는 긴 시간 동안 하나님은 그들을 안전하게 지켜 주셨지요.

드디어 비가 그쳤어요. 해가 나서 노아는 창문들을 다 활짝 열었어요. "만세!" 모두 소리쳤죠.

노아가 비둘기를 내보내서 알아보게 했더니, 얼마 후 비둘기가 올리브 잎사귀를 물고 돌아왔어요. 비둘기는 나무를, 다시 말해서 땅을 찾아낸 거예요! 물이 줄어들고 있었어요.

마침내 배는 어느 큰 산의 꼭대기에
멈춰 섰어요. 그들이 안전해지자
하나님은 "모두 내려라!" 하고
명령하셨어요. 방주에서 나온 사람들은
마른 땅을 밟고 껑충껑충 뛰면서 춤을
추었죠.
　맨 먼저 노아는 약속대로 자기들을
구해 주신 하나님께 감사드렸어요.
　하나님은 약속하셨지요.
　"내가 다시는 세상을 멸망시키지
　　않겠다."
　　그리고 하나님은 마치 전사가
　　큰 싸움을 끝내고서 활과
　　화살을 벽에 걸어 두듯이
　　말씀하셨어요.
　　"보라, 내가 구름 속에
　　내 활을 걸었노라."

　구름 속에는 빛으로 된, 아름다운 활 모양의 무지개가 걸려
있었어요. 하나님의 세상이 새로워진 거예요.

　머지 않아 다시 모든 것이 잘못되었지만, 하나님은 놀라지
않으셨어요. 그렇게 될 줄 다 알고 계셨으니까요. 그래서 시간이
시작되기 전부터 그분께는 또 다른 계획, 더 좋은 계획이 있었던
거예요. 그것은 세상을 구하신다는 계획, 언젠가 그분의 아들을
구원자로 보내신다는 계획이었어요.

　미움과 슬픔과 죽음에 대한 하나님의 뜨거운 분노가 다시 한 번
내려오겠지만, 하나님의 자녀와 그분의 세상을 향해서는 아니랍니다.
하나님의 활은 아래쪽, 그분의 사람들을 겨냥한 것이 아니예요.

　그것은 위쪽, 천국의 한가운데를 향하고 있었답니다.

하늘로 오르는 거대한 계단

바벨 탑 창세기 11장

노아는 가족들과 함께 그 땅에서 살았습니다. 그의 자식들이 자식을 낳고, 그 자식들이 더 많은 자식을 낳고, 그 자식들은 더 많은 자식을 낳았죠. 마침내 다시 땅 위에 사람들이 아주 많아졌어요.

그때만 해도 모든 사람들의 말이 똑같았어요. 그러니까 영어나

중국어 같은 외국어를 배울 필요가 없었지요. 누군가 "안녕!" 하면
다들 금방 알아들었으니까요.
   어느 날 사람들은 이야기하다 이런 생각을 떠올렸어요. "우리가
멋진 도시를 짓고 거기서 살자! 그곳을 우리의 집으로 삼자. 그러면
우리는 언제까지나 영원히 안전할 거야." 그들은 또 한 가지 생각을
덧붙였지요. "하늘에까지 닿을 만큼 정말로 높은 탑을 쌓자!"

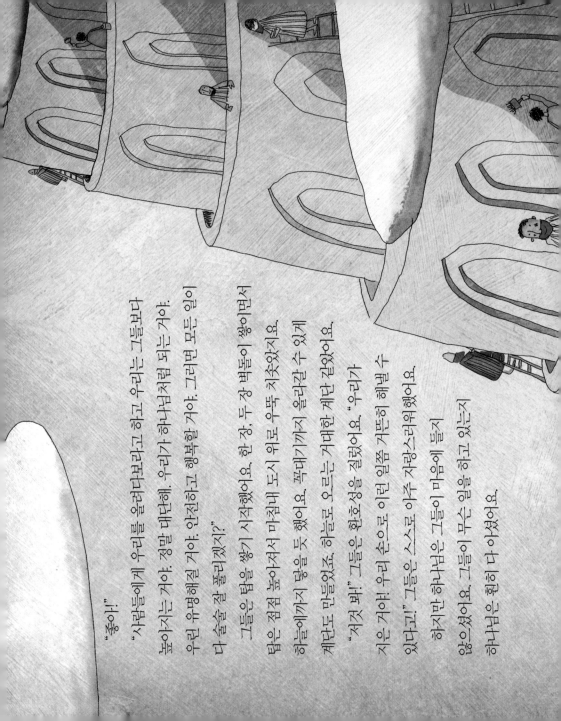

"좋아!"

"사람들에게 우리를 얼마만큼 하라고 하고 우리는 그들보다 높아지는 거야. 정말 대단해. 우리가 하나님처럼 되는 거야.

우린 유명해질 거야. 안전하고 행복할 거야. 그러면 모든 일이 다 술술 잘 풀리겠지?"

그들은 탑을 쌓기 시작했어요. 한 장, 두 장 벽돌이 쌓이면서 탑은 점점 높아져서 마침내 도시 위로 우뚝 치솟았지요.

하늘에까지 닿을 듯 했어요. 꼭대기까지 올라갈 수 있게 계단도 만들었죠. 하늘로 오르는 거대한 계단 같았어요.

"저것 봐! 그들은 환호성을 질렀어요. "우리가 지은 거야! 우리 손으로 이런 일을 거뜬히 해낼 수 있다고!" 그들은 스스로 아주 자랑스러워했어요.

하지만 하나님은 그들이 마음에 들지 않으셨어요. 그들이 무슨 일을 하고 있는지 하나님은 훤히 다 아셨어요.

그들은 하나님 없이 실렁고
했던 거예요. 하지만 그래서는
행복하거나 안전해질 수
없다는 것을 하나님은
아셨지요. 사람들을
정말로 사랑하셨기에,
하나님은 그들 스스로
멸망하게 그냥 놔두실
수 없었어요. 그래서
하나님은 그들이
일을 준비에
막으셨지요.

그날 아침에도 사람들은 여느 때처럼 일하러 나갔어요. 그런데 왠지 모든 것이 달랐어요. 자기들의 말이 모두 낯설고 우스워졌던 거예요. 하나님이 사람마다 완전히 다른 말을 주셨거든요! 갑자기 모두가 서로의 말을 알아들을 수 없게 되었어요. 누군가 "만나서 반갑다"라고 한 말을 상대방은 "너 진짜 못생겼구나!"라고 알아들었죠. 웃을 일이 아니었어요. "오늘은 날씨가 참 맑다!"라고 좋은 소리를 해도 얼굴에 주먹이 날아들 수 있거든요. 상대방이 "입 닥쳐, 따분한 친구야!"라고 말한 줄 안다면요. "뭐라고? 다시 한 번 말해 줘"라고 부탁할 수도 없었어요. 그 말조차 알아듣는 사람이 없었으니까요.

그 뒤로는 함께 일하기가 쉽지 않았어요. 한번 상상해 보세요. 사람들은 늘 말다툼하고 싸우느라 바빴고, 어리둥절하여 어쩔 줄을 몰랐어요. 다들 기분이 상할 대로 상해 버려서 더는 건물을 지을 수 없었죠. 모두 그만둘 수밖에요.

　결국 사람들은 온 세상에 흩어졌답니다. 그래서 지금 세상에 언어가
이렇게 많아진 거예요.

　사람들이 아무리 높이 올라가고, 아무리 열심히 노력해도 스스로는
절대로 천국에 들어갈 수 없다는 것을 하나님은 아셨어요. 사람들에게
필요한 것은 계단이 아니라 구원자인 거예요. 천국으로 들어가는 길은
계단이 아니라 사람으로 오실 그분뿐이지요.

　사람들은 결코 스스로 천국으로 올라갈 수 없어요. 천국이
사람들에게 내려와야만 하죠.

　언젠가는 정말로 그런 날이 올 거예요.

웃음의 아들

아브라함에게 주신 하나님의 특별한 약속 창세기 12~21장

세월이 흘렀지만 세상은 조금도 나아지지 않았어요. 사람들은 여전히 서로에게 무자비하고 치사했지요. 그들은 여전히 병들고 죽어 갔어요. 하나님의 세상은 눈물투성이였어요. 원래는 전혀 그런 곳이 아니었는데 말이에요.

그동안 하나님은 뭔가 준비하고 계셨어요. 모든 잘못된 것들을 바로잡으시려고요. 그분은 그 일을, 어느 한 가족을 통해서 하실 생각이었어요.

하나님이 말씀하셨어요. "아브라함아, 하늘에 별이 몇 개지?" 하나님이 놀라운 비밀을 알려 주시려고 물으셨어요.

"한번 세어 볼까요?" 아브라함이 소매를 걷어붙이며 말했어요. "993개, 994개, … 997개, 아차, 아니지, 잠깐, 다시 하나, 둘…" 아브라함은 자꾸만 숫자를 놓쳤어요.

"너무 많습니다, 하나님!"

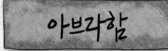

아브라함

"자, 봐라." 하나님이 웃으며 말씀하셨어요.

"내가 너에게 자녀와 손자, 손녀들과 자손을 아주 많이 줄 것이다. 셀 수 없을 정도로 말이다."

그런 거창한 이야기를 들은 아브라함은 좋아서 웃음이 절로 났답니다. 하지만 곧 웃음을 그쳤어요. 그가 어떻게 그런 가족을 갖게 된다는 건가요? 말도 안 되는 일이지요. 아브라함은 손자, 손녀는커녕 자식 하나 없었거든요. 아브라함은 눈물을 훔쳤어요. 그 나이에 아이를 낳기란 이미 때늦은 일이었죠. 하나님은 도대체 무슨 뜻으로 이런 말씀을 하시는 걸까요?

"아브라함아." 하나님이 말씀하셨어요. "나를 믿어라."

하나님은 아브라함에게 하나님의 비밀 구원 계획을 알려 주셨어요. 그리고 그에게 이렇게 약속하셨죠. "아브라함아, 내가 네 가족을 아주 많아지게 하겠다. 어느 날엔가 네 가족은 하늘의 모든 별보다도 숫자가 더 많아질 것이다."

아브라함은 별이 총총한 밤하늘을 쳐다보았어요.

"너는 나의 특별한 가족, 나의 민족이 될 것이다. 너를 통해서 이 땅의 모든 사람들이 복을 받을 것이다!"

하나님이 아브라함의 가족을 통해서
세상을 구하시겠다니, 정말 믿어지지
않았어요! 아브라함의 멀고 먼 후손
가운데 하나가 바로 그 아이, 약속된
그분, 구원자가 될 거예요.

"하지만 너무 거창합니다! 어떻게
그럴 수 있나요?" 아브라함이 하나님께
말했어요.

"아주 좋아서 믿을 수 없다는 것이냐?
내가 못할 거창한 일이 있더냐?"

사라

이 말씀을 들은 아브라함은 자기 눈에
보이는 것보다 하나님을 더욱 신뢰했어요. 그대로 믿은 거예요.

사라도 하나님의 약속을 듣고서 대뜸 웃음부터 나왔어요. 하지만
그것은 행복한 웃음이 아니었어요. 그 속에 눈물이 있었답니다.
사라는 늘 아기를 갖고 싶었어요. 정말 그 꿈이 이루어질 수
있을까요? 나이가 아흔이나 된 사라가 정말 아기를 낳을 수 있을까요?
물론 아니죠. 말도 안 돼요. 이미 너무 늦었잖아요.

사라는 하나님이 약속대로 하실 수 있다는 것을 믿지 않았어요.
하나님이 말씀만 하시면 이미 그대로 된 거나 마찬가지라는 것을
잊었던 거예요. 하나님께는 사라에게 사내아이를 주시는 것이 하늘의
모든 별들을 짓는 것만큼이나 쉬운 일이었답니다.

아니나 다를까, 하나님이 약속하신 대로 아홉 달 후에 사라는 사내아이를 낳았어요. 그들은 아기의 이름을 이삭이라고 지었어요. '웃음의 아들'이라는 뜻이지요. 사라는 정말 웃었어요. 이번에는 즐겁고 행복한 웃음이었죠. 꿈이 이루어졌으니까요.

하나님은 약속대로 해 주실 거예요. 그분의 특별한 민족인 아브라함의 가족을 보살펴 주실 거예요.

그리고 언젠가 하나님은 다른 아기를 보내 주실 거예요. 남편도 없는 처녀에게 약속하신 아기랍니다. 그리고 이 아기가 온 세상에 웃음을 가져다 줄 테지요. 이 아기를 통해서 모든 사람의 꿈이 이루어질 거예요.

특별한 선물

아브라함과 이삭 이야기 창세기 22장

하나님의 비밀 구원 계획이 잘 이루어지려면 아브라함이 그분을 온전히 믿어야 했어요. 아브라함이 무엇이든 시키시는 대로 하는지, 하나님은 확인하셔야 했어요. 그래서 몇 년 후에 하나님은 아브라함에게 선물을 바치라고 하셨답니다.

아브라함은 하나님께 선물을 드리는 것이 좋았어요. 그래서 자신의 동물을 드리곤 했지요. 그것을 '제물'이라고 해요. 제물은 하나님께 "사랑합니다"라고 말씀드리는 방법 중 하나였죠.

그런데 이번에 하나님이 원하신 것은 양이나 염소가 아니었어요. 하나님은 아브라함이 그보다 훨씬 큰 것을 바치길 원하셨어요. 그의 아들, 외아들, 사랑하는 아들, 이삭을 바치길 원하셨던 거예요.

자기 아들을 제단에 올려놓고 제물로 삼아 죽이라고요? 하나님이 어떻게 그런 끔찍한 일을 시키실까? 아브라함은 이해가 안 되었어요. 그렇지만 하나님이 자기를 사랑하는 아버지라는 것만은 알았지요. 그래서 아브라함은 그분을 믿었어요.

아브라함과 이삭은 이튿날 꼭두새벽에 길을 떠났답니다. 그들은 돌이 많고 가파른 오솔길을 따라 산으로 올라갔어요. 이삭은 등에 나무를 지고 갔고, 아버지는 칼과 숯을 가지고 갔지요.

"아빠!" 이삭이 말했어요. "다른 건 다 있는데 제물로 쓸 어린 양을 잊었네요."

"아들아, 하나님이 우리에게 어린 양을 주실 거야." 아브라함이 대답했어요.

그들은 제단을 쌓고 그 위에 나무를 펴놓았어요. 그런 다음 아브라함은 아들에게 나무 위로 올라가라고 했지요. 이삭은 영문을 몰랐지만 아버지가 자기를 사랑한다는 것만은 알았어요. 아버지를 믿었던 거예요. 이삭이 제단 위로 올라가자 아브라함은 그를 나무에 묶었어요. 이삭은 몸부림치거나 도망치려고 하지 않았어요. 그냥 아무 소리도 내지 않고 얌전히 누워 있었지요.

준비를 다 마치자 아브라함은 칼을 들었어요. 그의 눈엔 눈물이 가득 고였고, 마음에는 아픔이 가득했어요. 손은 덜덜 떨렸어요. 아브라함은 칼을 공중으로 높이 쳐들었어요.

"그만!" 하나님이 말씀하셨어요. "그 아이를 해치지 마라. 나는 그 아이가 죽지 않고 살기를 원한다. 네가 외아들까지 내게 바치려고 했으니, 네가 나를 얼마나 사랑하는지 이제 알겠다."

아브라함은 심장이 터질 듯 기뻤어요. 그는 이삭을 풀어서 와락 끌어안았죠. 그러고는 어찌나 흐느껴 우는지 아브라함의 온 몸이 들썩거렸답니다. 그의 눈에서는 뜨거운 눈물이 흘러넘쳤어요. 아버지와 아들, 두 사람은 오랫동안 그렇게 서로 부둥켜안은 채 가만히 있었어요.

그때 수풀에 걸린 숫양 한 마리가 눈에 들어왔어요.
제물이었죠. 하나님이 그들에게 필요한 것을 때맞춰 주셨던
거예요. 그래서 아브라함은 자기 아들 대신 숫양을 제물로
드렸답니다.

아브라함과 이삭은 별들이 반짝이는 고요한 하늘 아래에서
불씨가 잦아드는 것을 지켜보았어요. 그런 아브라함과 이삭에게
하나님이 무언가를 깨우쳐 주셨어요. 하나님은 그분의 사람들이
죽지 않고 살기를 원하신다는 깨달음이었지요. 하나님은 그분의
사람들을 벌하시는 게 아니라 구하길 원하셨어요. 그러려면
반드시 그들이 하나님을 믿어야 해요.

"언젠가 너희의 집안에서 온 세상에 행복을 가져다줄 이가
태어날 것이다." 하나님은 그들에게 약속하셨어요.

하나님은 온 세상을 위한 놀라운 선물을 준비하고 계셨어요.
하나님의 사람들에게 "사랑한다!"고 말씀하시려고 했던 거예요.

이로부터 긴 세월이 흐른 후에, 또 다른 아들이 등에 나무를
지고서 또 다른 언덕 길을 오르게 된답니다. 이삭처럼 그 아들도
자기 아버지를 믿고서, 아버지가 하라는 대로 할 거예요. 그는
몸부림치거나 도망가려고 하지 않아요.

그가 누구냐고요? 하나님의 아들, 하나님의 외아들,
사랑하시는 아들, 하나님의 어린양이시지요.

아무도 원치 않는 여자

**야곱과 라헬과 레아 이야기* 창세기 29~30장

라헬

레아

어떤 자매가 있었어요. 동생은 아주 예뻤지만 언니는 예쁘지 않았어요. 아주 못생겼다고 말하는 사람들도 있었죠.

동생의 이름은 라헬이었고, 언니의 이름은 레아였어요.

라헬은 언제나 파티에 초대받고 무리에 뽑히는 사람이었어요. 누구나 라헬을 사랑했죠. 하지만 가련한 레아는? 눈길 한번 주는 사람이 없었답니다.

하루는 그들의 사촌인 야곱이 그 집에 살러 왔어요. 야곱은 이삭의 아들이었는데, 마침 피신 중이었지요. 속이고 훔쳐서 형 에서의 적이 된 야곱은 형을 피해 숨어 다니고 있었어요.

재미있게도 하나님은 많고 많은 사람 중에서 하필 야곱에게 "내가 네 가족을 통하여 세상을 구하겠다"라는 특별한 약속을 주셨어요.

차차 보겠지만, 하나님은 우리 눈에 가장 보잘것 없어 보이는 사람들을 선택하신답니다.

야곱은 오랫동안 거기 살면서 외삼촌 라반 밑에서 일했어요.

그러던 어느 날 라반이 말했어요. "야곱, 내가 네게 품삯을 주기로 했는데 무얼 원하느냐?" 그때 라반의 머리에 퍼뜩 떠오르는 생각이 있었어요. "내 딸과 결혼하는 건 어떻겠나?"

　야곱은 라헬을 보았어요. 그리고 레아를 보았죠. 누구를 택할까요? 그는 물론 라헬을 택했답니다. 야곱은 말했어요. "라헬과 결혼할 수 있다면 7년 동안 값없이 일하겠습니다."

　그래서 야곱은 7년 동안 일했고, 마침내 결혼식 날이 되었어요.

　그러나 그날 밤 라반은 야곱에게 못된 속임수를 썼어요. 야곱의 아내로 라헬 대신 레아를 보낸 거예요. 그때는 전기가 없어서 천막 안이 어두웠어요. 게다가 여자들은 면사포를 치렁치렁 두르고 있어서 얼굴을 제대로 볼 수 없었답니다. 그래서 야곱은 아무런 의심도 못했던 거예요.

　이튿날 아침, 자리에서 일어난 야곱은 으악! 비명을 질렀어요. 곁에 누운 아내가 라헬이 아니라 레아였으니까요. 야곱은 자리에서 뛰쳐나와 소리쳤어요. "라반 삼촌! 이 나쁜 사람 같으니라고!"

　그러나 라반은 태연히 말했어요. "7년을 더 내 밑에서 일하면 라헬과도 결혼하게 해 주지."

　그래서 야곱은 라반 밑에서 7년을 더 일했고, 마침내 라헬을 아내로 맞아들였죠. 이제 야곱은 아내가 둘이에요. 하지만 라헬을 더 사랑했답니다.

레아는 한탄했어요. "아무도 나를 사랑하지 않아. 나는 너무 못생겼어."

그러나 하나님은 레아가 못생겼다고 생각하지 않으셨어요. 레아가 사랑받지 못하고 아무도 레아를 원치 않는 것을 보시고, 하나님이 레아를 선택하셨어요. 특별히 레아를 사랑해 주시고, 레아에게 아주 중요한 일을 맡기기로 하신 거예요. 언젠가 하나님은 온 세상을 구하실 텐데, 그 일을 레아의 가족을 통해서 하시기로 정하셨어요.

레아는 하나님이 자기를 사랑하심을 마음속으로 알았어요. 그러자 남편이 자기를 더 사랑하든 말든, 자기가 예쁘든 말든, 아무 상관 없어졌어요. 레아를 선택하시고 사랑해 주시는 분이 계시니까요. 절대로 그만두거나 포기하지 않는 사랑, 끊어지지 않고 언제까지나 영원한 사랑으로 말이에요.

그래서 레아는 자기 아들의 이름을 유다라고 지었어요. '이번에는 내가 주를 찬양하리라!'라는 뜻이지요. 말 그대로 레아는 하나님을 찬양했답니다.

그런데 하나님이 레아에게 어떤 일을 맡기셨을까요? 하나님은 레아를 공주처럼 보셨답니다. 그러자 정말로 레아는 공주가 되었어요. 레아의 자녀의 자녀의 자녀 중에 왕이 계시거든요. 바로 천국의 왕, 하나님의 아들 말이에요.

이 왕은 하나님의 사람들을 사랑하세요. 예쁘지 않아도 그분께 사랑 받을 수 있지요. 그분은 마음을 다하여 사랑하시고, 그 사랑을 받으면 예뻐진답니다. 레아처럼 말이에요.

용서하는 통치자

요셉과 그의 형들 창세기 37~46장

야곱에겐 아들이 열두 명 있었는데, 그들 중에서 야곱은 요셉을 제일 사랑했어요.

하루는 야곱이 요셉에게 아주 멋진 새 옷을 주었어요. 무지개 색으로 된, 예쁘고 값진 옷이었지요. 하지만 요셉의 형들은 그것을 보고 시기심이 생겼어요. 자기들도 값진 무지개 옷을 입고 싶었거든요.

게다가 요셉은 자꾸만 특별한 꿈을 꾸었어요. 그리고 이렇게 말했죠. "꿈속에서 내가 제일 높았어요! 내가 왕이었어요! 형들은 다 나한테 절을 했어요!"

이런 요셉의 말을 형들은 기분 좋게 들을 수 없었어요. 하지만 요셉은 알아차리지 못했어요. 그러자 형들은 요셉을 더욱 미워했답니다. 그들은 요셉과 요셉의 꿈을 죽이고 싶었어요.

어느 날, 형들은 정말로 그러기로 마음먹었죠.

그들은 요셉의 무지개 옷을 찢어 버리고 노예 무역상들에게 팔아 넘겼어요. 은전 20개를 받고서 말이에요.

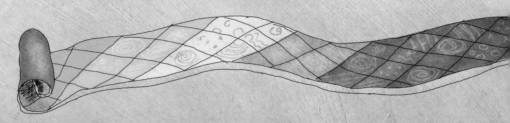

무역상들은 요셉을 이집트로 끌고 가서 노예로 삼았어요. 집에
돌아간 형들은 아버지에게 요셉이 죽었다고 거짓말을 했지요.

'꿈 좋아하더니 이제야 끝났군!' 형들은 생각했어요.

하지만 틀렸어요. 하나님은 요셉의 인생에 아주 놀라운 꿈을 품고
계셨거든요. 모든 일이 틀어진 것처럼 보일 때에도, 하나님은 그
어려움을 기회로 사용하셔서 꿈을 이루신답니다. 하나님은 요셉에게

벌어지는 모든 일을 사용하셔서 선한 일을 이루셨어요.

그렇지만 이집트에 있는 요셉의 형편은 별로 좋지 않았어요. 그는 집과 아버지에게서 멀리 떨어져 있었지요. 게다가 자기가 하지도 않은 일 때문에 누명을 쓰게 되었어요. 아무런 잘못이 없는데도 벌을 받아서 감옥에 갇혔죠.

하지만 이때에도 하나님은 요셉과 함께 계셨어요.

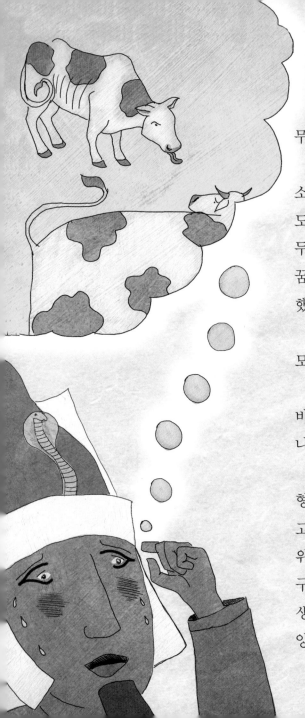

　하루는 이집트의 왕 바로가
무서운 꿈을 꾸었어요.
　꿈속에서 깡마른 소들이 살진
소들을 삼켜 버렸답니다. 이게
도대체 무슨 뜻일까? 바로는
두려웠어요. 그래서 사람을 보내어
꿈 전문가인 요셉을 불러오게
했죠. 요셉이 꿈을 풀이했어요.
　"곧 흉년이 되어 양식이
모자라게 될 겁니다."
　요셉의 해몽이 마음에 쏙 든
바로는 즉시 요셉을 감옥에서
나오게 하여 통치자로 삼았답니다.
　한편, 고향에 있는 요셉의
형들은 양식이 떨어져서 배가
고팠어요. 하나님의 특별한 가족이
위험에 빠진 거예요. 당장 양식을
구하지 않으면 다들 굶어 죽게
생겼어요. 그래서 요셉의 형들은
양식을 사러 이집트로 갔지요.

그들은 와서 새 통치자
앞에 무릎을 꿇었어요. 형들은
그 통치자가 요셉이라는 걸
몰랐죠. 하지만 요셉은 그들을
알아보았답니다. 요셉이
형들에게서 절을 받았던 그 꿈이
정말 이루어진 거예요.

"나예요!" 요셉이 큰 소리로
말했어요.

요셉을 알아본 형들은
두려웠어요. 요셉에게 잘못을
저질렀기 때문이지요. 그들은
자기 죄를 잘 알고 있었어요.
이젠 꼼짝없이 벌을 받겠지요.

하지만 형들을 바라보는
요셉의 눈엔 눈물이 가득
고였어요. 비록 자기를 해치고
미워하고 죽이려던 형들이지만,
그럼에도 형들을 향한 요셉의
사랑은 변하지 않은 거예요.

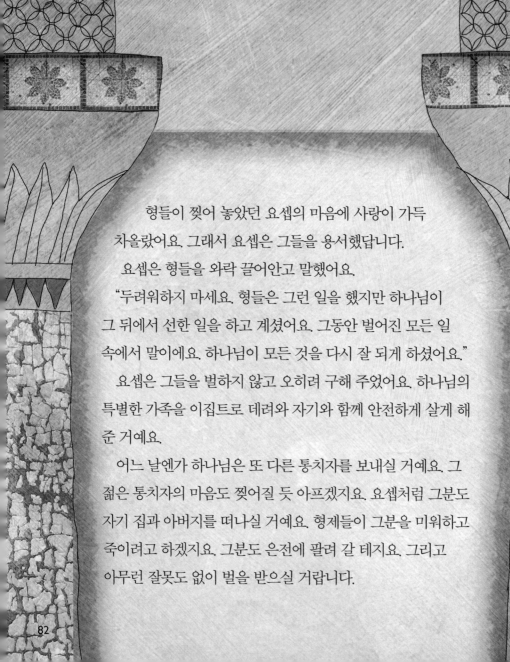

형들이 찢어 놓았던 요셉의 마음에 사랑이 가득
차올랐어요. 그래서 요셉은 그들을 용서했답니다.

요셉은 형들을 와락 끌어안고 말했어요.
"두려워하지 마세요. 형들은 그런 일을 했지만 하나님이
그 뒤에서 선한 일을 하고 계셨어요. 그동안 벌어진 모든 일
속에서 말이에요. 하나님이 모든 것을 다시 잘 되게 하셨어요."

요셉은 그들을 벌하지 않고 오히려 구해 주었어요. 하나님의
특별한 가족을 이집트로 데려와 자기와 함께 안전하게 살게 해
준 거예요.

어느 날엔가 하나님은 또 다른 통치자를 보내실 거예요. 그
젊은 통치자의 마음도 찢어질 듯 아프겠지요. 요셉처럼 그분도
자기 집과 아버지를 떠나실 거예요. 형제들이 그분을 미워하고
죽이려고 하겠지요. 그분도 은전에 팔려 갈 테지요. 그리고
아무런 잘못도 없이 벌을 받으실 거랍니다.

그러나 하나님은 이 젊은 통치자에게 벌어질
모든 일, 심지어 나쁜 일들까지도 사용하셔서
선한 일을 이루어 가세요. 바로 온 세상의 죄를
용서하시는 것이지요.

하나님의 구출 작전!

**모세와 위대한 이집트 탈출* 출애굽기 3~13장*

요셉과 그의 형들은 늙어서 죽었지만 그들의 자손은 계속 이집트에 살면서 아주 큰 가족이 되었어요.

얼마 후에 새로운 왕이 다스리기 시작했는데, 새 왕 바로는 요셉을 기억하지 못했고 하나님의 백성을 좋아하지 않았어요. 그는 이스라엘 사람들을 자기 노예로 삼아서 때리고 자꾸만 더 힘든 일을 시켰답니다. 하나님의 백성은 하나님께 구해 달라고 부르짖었어요.

하나님은 그들의 소리를 들으셨어요. 그분은 아브라함에게 하신 약속을 기억하셨어요. 하나님은 그분의 백성을 돌보아 주실 거예요. 길을 찾아내서 그들을 자유롭게 풀어 주실 거예요.

하루는 모세가 양을 치고 있는데 이상한 나무가 그의 눈길을 사로잡았어요. 분명히 불꽃이 타오르는데, 잎사귀가 타지 않는 거예요.

"모세야!" 쩌렁쩌렁 큰 소리에 모세는 깜짝 놀라 뒤로 물러섰어요.

"내가 내 백성의 부르짖음을 들었다. 내가 그들의 눈물을 보았다. 그들을 구해 주려고 내려왔다. 너는 바로에게 가서 내 백성을 풀어 주라고 말해라."

모세는 두려웠어요. 그러자 하나님이 "내가 너와 함께 있겠다"라고 말씀하셨어요.

그래서 모세는 바로에게 갔어요.

"바로여." 모세가 입을 뗐어요. "하나님이 말씀하시기를…"

"하나님? 처음 듣는 소리로군." 바로가 말했어요.

모세는 계속했어요. "하나님이 말씀하시기를, 그분의 백성을 풀어 주라고 하셨소."

그러자 바로는 한마디로 거절했죠. "싫다. 그렇게는 못 해!" 바로는 백성을 풀어 주지 않았어요.

그러자 하나님은 바로에게 열 가지 '재앙'이라는 경고를 주셨어요. 우선 하나님은 나일 강을 피로 변하게 하셨어요. 아무도 물을 마실 수 없었지요. 그래도 바로는 그들을 보내려고 하지 않았답니다.

하나님은 온 사방에 개구리 떼가 폴짝폴짝 뛰어다니게 하셨어요. 침대에도 개구리, 머리에도 개구리, 국에도 개구리, 어디에나 개구리 천지였어요! 그제야 바로가 소리쳤어요. "개구리 떼를 내보내라! 그러면 너희 백성을 보내 주겠다."

그러자 하나님은 개구리 떼를 없애 주셨어요.

그런데 바로의 마음이 변했어요.
"너희는 못 가!"
하나님이 이번에는 수없이 많은 이를 보내셨어요.
그래도 바로는 "안 돼!"라며 고집을 부렸어요.
그래서 다시 하나님은 파리 떼를 보내셨죠.
눈앞에서 파리들이 '윙윙'거렸어요.
그다음엔 병, 지독한 종기, 커다란 우박, 메뚜기 떼가
차례로 닥쳤어요. 한낮의 어둠도 있었지요.
어찌나 캄캄하던지 세상의 자연 만물이 다시
어둠 속으로 떨어지는 것만 같았답니다.
아무것도 없는 텅 빈 공간 속으로
말이에요.

어려움이 닥칠 때마다 바로는 "이것만 그치게 해 주면 백성을 보내 주겠다!"라고 했어요. 하지만 정작 하나님이 멈추어 주시면 마음이 변해서 으름장을 늘어 놓았죠. "사실은 안 돼! 너희는 못 가!"

마침내 모세는 이렇게 경고했어요. "하나님께 순종하시오. 그렇지 않으면 그분께서 최악의 상황을 겪게 하실 것이오." 바로는 껄껄 웃어넘겼어요.

마침내 하나님이 말씀하셨답니다. "이집트의 집마다 맏아들이 죽을 것이다. 하지만 내 백성은 안전할 것이다."

하나님은 그분의 백성에게 이르시기를, 집집마다 가장 좋은 어린 양을 데려다가 잡아서 그 피를 대문에 바르라고 하셨어요.

모세가 설명했어요. "하나님이 너희의 집을 지나실 때에 그 피를 보실 것이다. 그리고 너희 대신 어린 양이 죽었다는 점을 아실 것이다."

그날 밤, 하나님이 말씀하신 그대로 되었어요. 갑자기 왕궁
복도에 간담을 서늘케 하는 비명소리가 들렸어요. 바로의 맏아들이
죽었던 거예요! 그제야 바로는 하나님의 말씀대로 했어요.
"나가라! 어서 가 버려!" 바로는 울부짖듯 외쳤어요.

바로 그날 밤, 하나님의 백성과 모세는 이집트에서 그리고
노예 상태에서 벗어났답니다. 드디어 자유의 몸이 된 거예요!

하나님의 백성은 이 큰 구원을 기억하며 그날을 '유월절'이라고
불렀어요.

하지만 장차 그보다 더 큰 구원이 온답니다. 오랜 세월이 지난
후에 하나님은 다시 한 번 그 일을 하실 거예요. 이 땅에 직접
내려오셔서 하나님의 백성을 구해 주시는 거예요. 그때는 영원한
자유를 누리게 될 테지요.

길을 내시는 하나님

모세와 홍해 출애굽기 14~15장

하나님의 백성과 모세는
이집트를 탈출하여 사막으로
들어갔답니다. 길은 몰랐지요. 하지만
하나님은 길을 아셨고 그들에게 가르쳐 주셨어요.

하나님이 약속해 주셨어요. "내가 너희를 새로운 집, 특별한 땅으로
데려가겠다. 내가 너희를 돌보아 주겠다. 나는 너희와 함께 있다."

하나님은 큰 구름을 보내셔서 그 구름을 따라가게 하셨어요.
하늘까지 뻗은 구름 기둥이었지요. 그들이 걸을 때면 그 구름이 앞서
가면서 한낮의 뜨거운 땡볕에서 그들을 그늘로 덮어 주었고, 쉴 때면
구름도 멈추었지요. 사막의 추운 밤에는 그 구름 기둥이 불처럼
타오르면서 밤새도록 그들을 따뜻하게 해 주었어요.

하나님은 사막을 지나서 큰 바다 어귀까지 백성을 인도하셨어요.
그들이 바다를 어떻게 건너야 할지 막막해 할 때 갑자기 천둥처럼
요란하게 쿵쾅거리는 소리가 들렸어요. 그들은 뒤를 돌아보고 비명을
질렀어요! 바로와 그의 군대가 쫓아오고 있었어요!

바로의 마음이 변했던 거예요. "내 노예들을 도로 데려와라!" 그는
고래고래 소리를 지르고는 그들을 쫓아서 사막으로 달려갔어요. 가장
빠른 기병 600명과 이집트의 모든 전차를 다 끌고서 말이에요.

하나님의 백성은 이제 어찌해야 할까요? 앞에는 큰 바다가 있었죠. 너무 커서 빙 돌아갈 수 없었어요. 너무 깊어서 그대로 통과할 수도 없었지요. 배가 없으니 타고 건널 수도 없었고요. 너무 멀어서 헤엄쳐서 건널 수도 없었어요. 그러다가는 다들 물에 빠져 죽겠지요. 그렇다고 뒤로 돌아설 수도 없었죠. 바로 왕이 쫓아오고 있었으니까요. 이글거리는 햇빛을 받아 번쩍이는 칼들이 보이기 시작했어요. 구름처럼 밀려오는 무서운 전차 행렬도 보였어요. 그들은 잔뜩 겁에 질렸어요!

"우린 이제 죽었구나!" 그들은 비명을 질렀어요. 그러자 모세가 말했죠. "두려워 마시오."

"하지만 우리가 할 수 있는 일이 하나도 없잖소!" 백성들이 울부짖었어요.

모세는 말을 이어 갔어요. "우리는 할 수 없지만 하나님이 해 주실 것이니 그분만 믿으시오. 모두 지켜보시오!"

"빠져나갈 길이 없잖소!" 그들이 다시 외치자 모세가 대답했어요. "하나님이 길을 내실 것이오."

시간이 조금만 더 걸렸다면 다 끝나고 말았을 거예요. 그런데 신기하게도 때마침 아주 놀라운 일이 벌어졌어요.

하나님이 구름 기둥을 옮기신 거예요.
구름은 백성 뒤쪽으로 옮겨 가서 그들을
이집트 군사들한테서 가려 주었답니다.
그리고 나서 하나님은 밤새도록 세찬
동풍이 불게 하셨어요. 바람이 큰 바다의
물을 다 밀어냈지요. 왼쪽으로 밀어내고
오른쪽으로 밀어내서 마침내 양쪽으로
높다란 물 벽이 생겼어요. 바로 거기,
바다 한복판에 홈 길이 쫙 열린 거예요. 그
덕분에 하나님의 백성은 마른 땅을 걸어서
건넜답니다!

뒤이어 이집트 군사들이 따라가려고 하자, 물 벽이 무너져 내려서 그들을 다 삼켜 버리고 말았지요.

하나님의 백성은 모두 무사했어요. 그들은 춤추고 웃고 노래하며 하나님께 감사드렸답니다. 빠져나갈 길이 전혀 없을 때, 하나님이 길을 내셨던 거예요.

하나님의 자녀는 늘 그분을 피해서 달아나고 숨었지요. 그러나 하나님은 자기 자녀가 하나님 없이는 행복해질 수 없다는 걸 아셨어요. 백성은 스스로 하나님께로 돌아올 수 없었어요. 그들은 길을 잃었거든요. 돌아가는 길도 몰랐고요.

그러나 하나님은 길을 아신답니다.

어느 날엔가도 그분은 백성에게 길을 가르쳐 주실 거예요.

완전해지는 열 가지 길

모세와 십계명 출애굽기 16~17장, 19~40장

백성은 모두 사막 한복판을 지나고 있었어요. 할머니, 할아버지, 엄마, 아빠, 아이들 … 하도 걷다 보니 다들 발에 물집이 잡혔죠. 배도 고프고 목도 말랐어요. 게다가 견딜 수 없을 정도로 무더웠어요.

"우리는 여기가 싫어! 냄새도 고약해!"

(냄새라면 그들도 빠지지 않았죠. 몇 주째 씻지 못했으니까요.)

생각해 보세요. 지금까지 하나님은 백성을 위해서 놀라운 일들을 하셨어요. 그런데도 사람들은 자꾸만 그것을 잊어버렸어요. 하나님은 백성을 구름 속에 가려 주셨고, 바다를 움직이셨지요. 또 그들을 자유롭게 풀어 주셨어요.

그런데도 하나님의 백성은 여전히 행복하지 않았어요. 그들은
자유에는 관심이 없었거든요. 차라리 노예였을 때가 더 나았다 싶었던
거예요. 적어도 좋은 음식은 배불리 먹을 수 있었으니까요.

"하나님은 우리가 행복해지기를 원하지 않으셔."

급기야 그들은 이렇게 말했어요. 그것은 아주 오래 전에 아담과
하와가 들었던 것과 똑같은 거짓말이었죠.

"하나님은 우리를 죽이려고 여기까지 끌고 나오신 거야. 하나님은
우리를 사랑하시지 않아!"

하지만 사실은 그들이 하나님을 잘 몰랐던 게 아닐까요?

여행하는 동안 하나님은
백성에게 날마다 거듭거듭
가르쳐 주셨어요. 백성이 그분을
믿고 순종하면 하나님이 아주 잘
돌보아 주시겠다고요. 그들이
배고파하면 하나님은 하늘에서
음식을 비처럼 내려 주셨어요.
천국에서 빵이 내려온 거예요!
그들은 "이게 뭐지?" 하고 서로
물었어요. 하지만 아는 사람이
없었죠. 그래서 백성은 그것을
"이게 뭐지?"라고 불렀답니다.
뭔지 모르는 물건을 부르는 아주
손쉬운 이름이지요. 그들이
목마르다고 불평하면 하나님은
바위에서 물이 나오게 하셨어요.
모세는 그곳을 '다툼'이라고
불렀죠. 백성이 하나님과
다투었다는 뜻이에요.

그런데도 하나님의 자녀들은 그분을 의지하지 않았고 하나님 말씀대로 따르지도 않았어요. 자기들이 잘나서 행복하게 살아갈 수 있다고 생각한 거예요. 하지만 하나님이 없는 행복이란 있을 수 없다는 것을 그분은 아셨답니다.

그래서 하나님은 그들을 어떤 높은 산으로 데리고 가셨어요. 하나님은 자신이 어떤 분인지 보여 주려고 하셨죠. 하나님을 더 잘 알게 해 주시고 그들에게 줄 특별한 땅에 대해서도 말씀해 주시려고요.

하나님이 말씀하셨어요. "모든 땅은 내 것이다! 그리고 내가 너희를 택하였으니 너희는 내 특별한 가족이다. 너희는 삶 속에서 다른 모든 사람들에게 내가 누구인지를 보여 주어야 한다. 그들도 나를 알 수 있도록 말이다."

하나님은 모세를 산 위로 부르셨어요. 큰 산이 흔들리더니 구름이 빼빽이 몰려들었어요. "우르르 쾅" 천둥이 치고 번갯불이 좌 갈라졌어요. 하나님은 모세에게 '십계명'이라는 열 가지 규칙을 주셨어요. 하나님은 백성에게 말씀하셨어요.

"나는 너희가 세상 그 무엇보다도 나를 더 사랑하기 원한다. 그리고 너희를 향한 나의 사랑을 너희가 알기 원한다. 그것이 세상에서 가장 중요하단다."

하나님은 그들에게 다른 규칙들도 주셨어요. '가짜 신들을 만들지 말라, 사람을 죽이지 마라, 훔치지 말라, 거짓말하지 말라' 같은 내용이었지요. 이 규칙들을 보고 하나님의 백성은 어떻게 살아야 하는지, 하나님과 어찌해야 가까워지고 행복해지는지 알 수 있었어요.

모세가 말했어요. "하나님은 언제나 여러분을 돌보신다고 약속하셨소. 하나님을 사랑하고 이 규칙들을 지키겠소?"

"할 수 있습니다! 예! 약속합니다!"

그러나 그것은 틀린 말이었어요. 그들은 할 수 없었어요. 아무리 애써도 그들은 절대로 하나님의 규칙들을 늘 지킬 순 없었답니다.

그들이 할 수 없다는 것을 하나님도 아셨어요. 그리고 백성 모두가 그 사실을 알길 원하셨어요. 그 모든 규칙을 지킬 수 있는 사람은 딱 한 분뿐이니까요. 오랜 세월이 지난 후에 하나님은 그분을 보내실 거예요. 완전하신 그분이 백성을 위해 대신 규칙을 지키실 거예요.

규칙은 그들을 구원할 수 없기 때문이지요.

오직 하나님만이 그들을 구원하실 수 있답니다.

용사 지도자

여호수아와 여리고 전투 여호수아 3, 6장

모세가 죽은 뒤에 하나님은 백성에게 새로운 지도자를 주셨습니다. 그의 이름은 여호수아, '주께서 구원하신다'라는 뜻이지요. 여호수아는 하나님이 약속하신 특별한 땅으로 백성을 이끌고 들어갈 사람이었어요.

하나님의 백성이 그 뜨거운 사막을 헤매며 돌아다닌 지도 어언 40년이 되었어요! 온통 누런 광경과 모래, 천막 생활과 걷기, 더위에 백성이 얼마나 힘들었는지 알 만하지요.

그러다가 마침내 사막과 작별하고 아름다운 새 안식처가 보이는 데까지 왔어요. 얼마나 기뻤겠어요. 시원하고 멋진 초록빛 들판이 눈앞에 쫙 펼쳐져 있었어요. 그런데 딱 한 가지 문제가 있었어요. 여리고였어요.

여리고는 아주 오래된 도시로, 예사로운 곳이 아니었어요. 요새였거든요. 아무도 그 땅에 들어가지 못하게 막는 요새 말이에요. 사람들은 여리고를 바라보았죠. 굉장히 크고 무서운 성벽이 빙 둘러 있었어요. 하늘 높이 우뚝 솟은 성루와 굳게 닫혀 있는 무거운 철문. 사람들은 서로 쳐다보았어요.

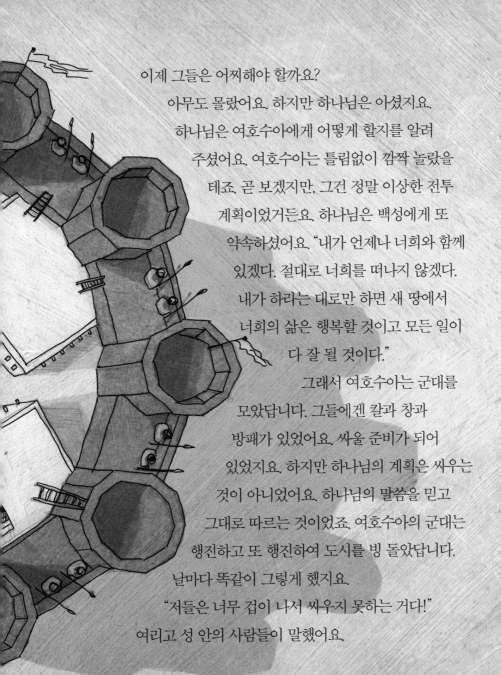

이제 그들은 어찌해야 할까요?

아무도 몰랐어요. 하지만 하나님은 아셨지요.
하나님은 여호수아에게 어떻게 할지를 알려
주셨어요. 여호수아는 틀림없이 깜짝 놀랐을
테죠. 곧 보겠지만, 그건 정말 이상한 전투
계획이었거든요. 하나님은 백성에게 또
약속하셨어요. "내가 언제나 너희와 함께
있겠다. 절대로 너희를 떠나지 않겠다.
내가 하라는 대로만 하면 새 땅에서
너희의 삶은 행복할 것이고 모든 일이
다 잘 될 것이다."

그래서 여호수아는 군대를
모았답니다. 그들에겐 칼과 창과
방패가 있었어요. 싸울 준비가 되어
있었지요. 하지만 하나님의 계획은 싸우는
것이 아니었어요. 하나님의 말씀을 믿고
그대로 따르는 것이었죠. 여호수아의 군대는
행진하고 또 행진하여 도시를 빙 돌았답니다.
날마다 똑같이 그렇게 했지요.
"저들은 너무 겁이 나서 싸우지 못하는 거다!"
여리고 성 안의 사람들이 말했어요.

하지만 틀렸어요. 하나님의 백성은 겁이 났던 게 아니라 기다렸거든요. 그다음에 어떻게 해야 할지 하나님이 일러 주시기를 기다렸던 것이지요.

일곱째 날에 하나님이 말씀하시기를, 그 도시를 행진하여 돌되 한 번만 아니라 일곱 바퀴를 돌라고 하셨어요. 그런 다음에 모든 사람이 최대한 시끄럽게 소리를 지르라고 하셨어요. (혹시 시끄럽게 소리를 질러 본 적이 있나요? 그 소리에다 39,999명의 다른 사람들이 지르는 소리를 합한다고 생각해 보세요. 상상이 되나요? 귀청이 떨어질 듯한 소리가요!)

알고 보니 돌까지
무너뜨리는 소리였어요. 크고
굳센 여리고 성벽이 모래성처럼
와르르 무너져 내렸으니까요.
여리고는 거대한 먼지 구름
속으로 사라져 버렸어요.

이렇게 해서 하나님의 백성은 새로운 안식처에 들어갔어요. 싸울
필요도 없었어요. 그냥 걸어 들어가기만 하면 되었지요.

여호수아는 말했어요. "하나님이 여러분을 여기까지 안전하게
인도하셨습니다. 이제 여러분은 그분의 말씀대로 살겠습니까?"

백성 모두 대답했어요. "약속합니다!"

여호수아가 말했어요. "오직 하나님만이 여러분의 마음을
행복하게 해 주실 수 있습니다. 그러니 가짜 신들에게
기도하지 마십시오."

"안 합니다. 절대로!"

하지만 안타깝게도, 그들은 그 약속을 지키지 못했어요.
하나님의 말씀대로 살지 않았거든요. 그래서 세월이 흐른
후에 그들은 하나님이 경고하신 대로, 어려운 일을 만나게
된답니다. 안식처를 잃고 마는 거예요. 적들이 그들을
사로잡아서 노예로 끌어가죠. 하나님의 백성은 다른 나라로
뿔뿔이 흩어지게 됩니다.

하지만 하나님의 계획은 아직도 꺾이지 않았어요.

언젠가 하나님은 백성에게 또 다른 지도자를 주실 거예요.
또 다른 안식처도 주시고요.

이 안식처는 아무도 빼앗아 갈 수 없는 곳이랍니다.

진짜 왕은 작은 꼬마

다윗에게 기름을 붓는 사무엘 사무엘상 16장

하나님의 백성은 새 땅을 얻었어요. 그러자 그들은 왕을 원했죠. 사무엘이 말했어요. "너희의 왕은 하나님이시다. 그분이야말로 너희를 가장 잘 돌보아 주시는 분이다."

하지만 백성은 고집을 부렸죠. "우리는 눈에 보이는 진짜 왕을 원합니다!"

하나님은 아셨어요. 왕이 하나님만큼 백성에게 자비롭지 못할 것이고, 그들을 잘 돌보지 않으리라는 것을요. 그러나 하나님의 백성은 상관하지 않았어요. 그들은 왕을, 그것도 지금 당장 원했던 거예요!

그래서 하나님은 그들에게 왕을 주셨어요. 그 왕의 이름은 사울이었는데, 처음에는 좋은 왕처럼 보였어요. 하지만 점점 교만해져서 더는 하나님 말씀을 듣지 않았답니다. 하나님께 순종하지 않은 거예요. 마음을 다하여 하나님을 사랑하지도 않았고요.

하나님은 말씀하셨어요. "사울은 내 계획에 도움이 안 된다. 나를 사랑하는 왕, 내 백성에게 나를 사랑하도록 가르칠 왕이 있어야겠다. 진짜 왕이 있어야겠다."

하나님은 바로 그런 사람을 생각해 두셨어요.
하나님이 사무엘에게 이르셨어요.
"베들레헴으로 가라. 거기서 새 왕을 만나게 될
것이다." (하나님의 말씀을 듣고 사람들에게 그대로 말해
주는 것이 사무엘의 일이었답니다.)

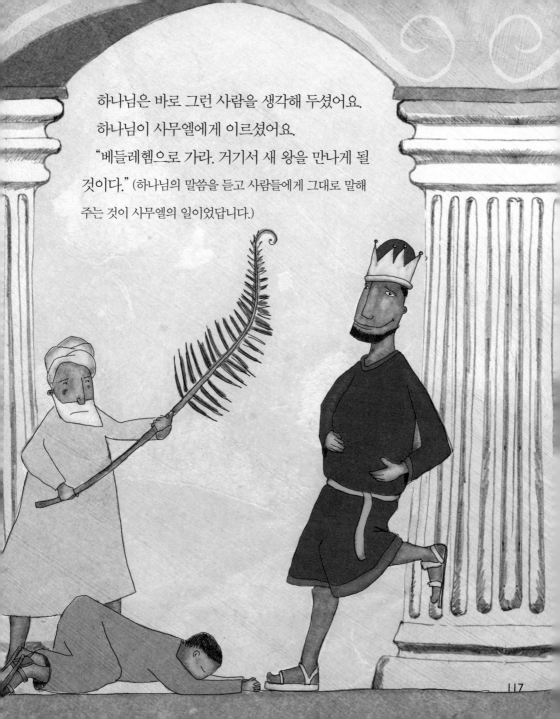

그래서 사무엘은 베들레헴이라는 작은 마을로 갔어요. 하나님은
사무엘에게 이새의 집으로 향하라고 하셨어요. 이새의 아들들 중 한
명을 새 왕으로 뽑으실 생각이었죠.

이새에겐 힘센 아들이 일곱이나 있었어요.

그 당시엔 아주 부자가 아니어도, 아주 똑똑하지 않아도 왕이 될 수
있었어요. 그보다는 겉보기에 왕 같아야 했어요. 아주 키가 크고 힘이
세야 했다는 뜻이지요. 그래야, 가장 큰 갑옷을 입고 가장 긴 칼을
차고 나가서 모든 적을 물리칠 수 있잖아요.
그리고 잘생겨서 나쁠 것은 없었지요.

사무엘은 이새에게 아들을 한 명씩 차례로 데려오라고 했어요.

이새는 가장 크고 힘센 맏아들을 데려왔지요. '틀림없이 이 사람이 새 왕일 거야. 보기에도 왕 같잖아.' 사무엘은 이렇게 생각했어요.

하지만 하나님은 그를 뽑지 않으셨어요. 하나님은 사무엘에게 말씀하셨죠. "너는 그의 겉모습만을 보고 있구나. 하지만 나는 그의 마음을, 그의 속이 어떤가를 보고 있다."

그래서 이새는 사무엘에게 그 다음으로 크고 힘센 둘째 아들을 보여 주었답니다. 그러나 하나님은 그도 택하지 않으셨어요. 사실 하나님은 일곱 아들 중에서 어느 사람도 택하지 않으셨답니다.

사무엘이 말했어요. "이들이 전부요?"

이새는 웃음이 났어요. "저, 막내가 있기는 하지만 집안에서 제일 약한 걸요. 아주 작은 아이인데…."

"그를 데려오시오." 사무엘이 말했어요.

이새의 막내아들이 달려왔어요. 하나님은 사무엘에게 "바로 이 사람이다!"라고 알려 주셨어요. 그의 이름은 다윗이었어요.

하나님이 말씀하셨어요. "그의 마음은 내 마음을 닮았다. 사랑이 가득하다. 그는 내 비밀 구원 계획에 도움이 될 사람이다. 그리고 그의 자녀의 자녀의 자녀 중 하나가 훗날 왕이 될 것이다. 그 왕은 영원히 세상을 다스릴 것이다."

사무엘은 다윗의 머리에 기름을 부었어요. 하나님이 택하신 왕임을 나타내는 특별한 방식이었지요. 사무엘은 다윗에게 "너는 언젠가 새 왕이 될 것이다"라고 말했어요.

그 말대로 다윗은 자라서 왕이 되었답니다. 하나님은 장차 오실 더 큰 왕을 맞이하도록 그분의 백성을 준비시키는 중이었어요. 그것이 하나님이 다윗을 왕으로 뽑으신 이유였어요.

훗날 다시 한 번 하나님은 "베들레헴으로 가라. 거기서 새 왕을 만나게 될 것이다"라고 말씀하실 거예요.

그리하여 별이 빛나는 어느 밤,
다윗의 동네인 그곳 베들레헴에서,
세 명의 박사가 그분을 만나게
되지요.

젊은 영웅과 무서운 거인

다윗과 골리앗 사무엘상 17장

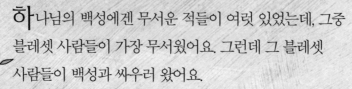

하나님의 백성에겐 무서운 적들이 여럿 있었는데, 그중 블레셋 사람들이 가장 무서웠어요. 그런데 그 블레셋 사람들이 백성과 싸우러 왔어요.

블레셋 사람들에게는 '골리앗'이라는 비밀 무기가 있었어요. 골리앗은 무시무시한 군인인데다 어마어마한 거인이었어요! 어찌나 힘이 세고, 키가 크고, 무서웠는지 몰라요. 그와 싸워서 살아남은 사람이 한 명도 없었답니다.

그런 골리앗이 날마다 나와서 소리를 질렀어요. "너희 중에서 제일 잘 싸우는 병사를 내게 보내라. 나와 싸워서 이기면 우리가 너희의 노예가 되겠다. 그러나 내가 이기면 너희가 우리의 노예가 되어야 한다!"
아무도 대답이 없었어요.
아무도 움직이지 않았어요.

"이 겁쟁이들아!"

골리앗이 고함쳤어요. "너희 하나님은
너희를 구할 수 없다! 내가 너희의 머리통을
잘라서 맘대로 굴릴 것이다!"

골리앗의 심술궂고 이글거리는
두 눈이 투구 밑에서 탐욕스럽게
하나님의 백성을 노려보았어요. 정말
당장에라도 몽땅 삼켜 버릴 듯이
말이에요. 그러더니 그는 소름
끼치는 소리로 웃어 댔어요.
"하-하-하-하!"
쩌렁쩌렁한 그 소리는
오싹한 메아리가 되어
바짝 마른 골짜기를
맴돌았지요.

골리앗은 머리가 셋 달린, 기분 나쁜 녹색 괴물 같았어요.

하나님의 백성은 두려워서 얼어붙었죠. 눈앞이 흐리멍덩해지고 얼굴은 사색이 되었고요. 누군가 당장 그들을 구해 주어야 했지요.

다행히 하나님은 바로 그런 사람을 준비해 두셨답니다.

다윗 말이에요. 그는 이새의 막내아들이었고, 형들은 군대의 병사들이었어요. 하루는 다윗이 형들의 도시락을 가지고 왔다가 골리앗을 보았어요. 또 잔뜩 겁에 질린 이스라엘 백성의 모습도 보았지요.

"두려워 마십시오! 제가 대신 싸우겠습니다!" 다윗이 나서자 왕이 말했어요. "너는 어린 목동일 뿐인데, 골리앗은 대단한 군인이다. 네가 어떻게 그와 싸우겠느냐?"

"하나님이 저를 도와주실 것입니다!" 다윗이 말했어요.

그러자 왕은 다윗에게 자신이 입는 왕의 갑옷을 주었죠. 하지만 그것은 너무 무겁고 너무 커서 다윗은 걸을 수조차 없었어요.

"저는 이게 필요 없습니다." 다윗이 말했어요.

대신 다윗은 시냇가에서 매끄러운 돌 다섯 개를 골랐어요. 하나, 둘, 셋, 넷, 다섯. 그리고 자기 물매를 들고 골리앗 쪽으로 걸어갔지요.

한 발. 두 발. 세 발.

골리앗도 다윗 쪽으로 걸어왔어요. 쿵, 쿵, 쿵.

"에게, 너냐?" 골리앗은 작은 소년을 내려다보았어요.

다윗이 크게 외쳤어요. "나는 작지만, 하나님은 크시다!"

골리앗은 평소보다 더 소름 끼치게 웃어 젖혔어요.

"하아-하-하-하아!" 골리앗이 그 큰 칼을 딱 한 번

휘두르기만 해도 이 소년을 꼼짝 못하게 할 수 있었지요.

하지만 다윗은 흔들리지 않았어요. "힘이 세거나

창과 칼이 많다고 해서 구원을 얻는 것이

아니다. 구원하시는 분은 하나님이시다!

이것은 하나님의 싸움이다. 하나님은

싸움에서 항상 이기신다!"

다윗은 고무줄에 돌 하나를

물려서 뱅뱅 돌리다가 놓았어요.

작은 돌맹이는 총알처럼 날아가서

골리앗의 두 눈 사이에 콱 박혔지요.

골리앗의 웃음소리가 뚝 그쳤어요.

거인은 비틀거리고… 휘청거리다가… 쿵! 쓰러져 죽었답니다.
블레셋 사람들은 골리앗이 죽은 것을 보고는 달아났어요. 하나님의
백성은 환호성을 질렀지요. 하나님은 그분의 백성을 구원하셨어요.
다윗은 영웅이 되었죠!

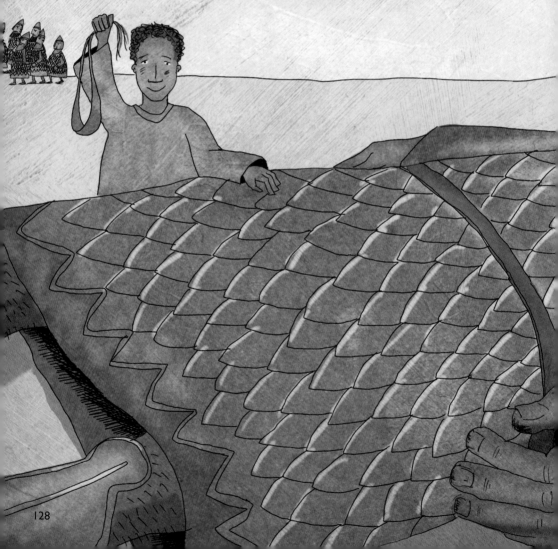

오랜 세월이 흐른 다음, 하나님은 그분의 백성에게 또 다른 젊은
영웅을 보내셔서 그들을 위하여 싸우게 하실 거예요. 그들을 구원하게
도우실 거예요.
    이 영웅은 지금껏 세상에 있었던 전투
중에서 가장 큰 전투에 나설 것이랍니다.

선한 목자

목자 같은 왕 다윗 시편 51편, 사무엘하 7장, 시편 23편

다윗은 목동이었지만 하나님은 그를 왕으로 보셨어요.

그러자 정말로 다윗은 자라서 왕이 되었어요. 다윗은 훌륭한 왕이었어요. 그의 마음은 하나님의 마음을 닮아서 사랑이 가득했지요.

그렇다고 다윗이 완전했다는 말은 아니에요. 그도 나쁜 일들을 했거든요. 사람을 죽이기까지 했으니까요. 사실 다윗은 자기 인생을 크게 망쳐 놓기도 했어요. 그러나 하나님은 어마어마한 큰 실수까지도 사용하셔서 그분의 계획을 이루실 수 있답니다.

다윗은 기도했어요. "마음이 새로워지기를 원합니다. 제 마음에 죄가 가득해요. 깨끗하게 해 주세요."

하나님은 다윗의 기도를 들으셨습니다. 그분은 다윗을 용서하시고 다윗에게 이런 약속을 하셨어요. "다윗아, 내가 너를 크게 해 주겠다. 어느 날 네 집안에서 한 왕이 태어나실 것이다. 그분이 온 세상을 치유하실 것이다."

다윗이 노래도 지었다는 것을 아나요? 그의 노래들은 아주 훌륭했어요. 다윗의 노래들은 기도와도 같아요. 그것들을 합해서 '시편'이라고 하는데, 다음에 소개하는 '목자의 노래'는 아마 시편 중에서도 제일 인기가 많을 거예요.

이런 내용이죠.

하나님은 나의 목자이시고
나는 그분의 작은 양입니다.

그분은 나를 먹여 주시고
인도해 주시고
돌보아 주십니다.
나는 부족한 것이 없어요.

내 마음속은 아주 고요합니다.
부드러운 푸른 풀밭에
작은 시냇가의 초원에
가만히 누워 있는 것처럼 고요하지요.

어둡고 무섭고 외로운 곳들을
지나갈 때에도
나는 무섭지 않습니다.
내 목자께서 내가 어디 있는지 아시니까요.

그분이 나와 함께 여기 계십니다.
그분이 나를 안전하게 지켜 주십니다.
그분이 나를 구해 주십니다.

그분은 나를 강하게 해 주시고
용감하게 해 주십니다.

그분은 나를 위해서 놀라운 것들을 준비해 주십니다.
특별히 나를 위해서,
내가 꿈꾸었던 모든 것을!

그분은 내 마음에 행복을 한가득 채워 주십니다.
내 속에 다 품을 수가 없어요.

나는 알아요, 내가 어디로 가든지
절대로 그만두거나
포기하지 않는 사랑이,
끊어지지 않고
언제까지나 영원한
하나님의 사랑이
함께 간다는 것을!

하나님은 다윗에게 이 노래를 주셔서 그분의 사람들에게 불러 주게 하셨어요. 목자가 자기 양들을 사랑하는 것처럼 하나님이 자신들을 사랑하시며 언제나 돌보아 주실 것을 알 수 있도록 말이에요.

그리고 훗날 하나님은 어떤 일을 하실 텐데, 그 일에 감동해서 헤아릴 수 없이 많은 새 노래들이 나오게 된답니다. 하나님이 그분의 사람들을 얼마나 사랑하시는지 하나님은 단번에 보여 주실 거예요.

또 다른 목자, 더 크신 목자가 오신답니다. 사람들은 그분을 선한 목자라고 부르겠지요.

이 목자는 하나님의 모든 어린 양들을 원래 살던 집으로 데려가실 거예요. 하나님의 품 안으로요.

어린 여종과 거만한 장군

노예 소녀와 나아만 열왕기하 5장

나아만은 아주 중요한 나라의 아주 중요한 군대의 아주 중요한
사람이었어요. 그러니까 그 사람은 아주 중요했지요.

하지만 나아만은 한센병이라는 병에 걸렸어요. 아무것도 느끼지
못하게 되는 심각한 병이랍니다.

손가락이 뭉그러지고 발가락이 찌그러져서 자신도 모르게 몸이 조각조각 떨어져 나가죠. 우습게 들릴지 모르지만 웃을 일이 아니었어요. 물론 나아만도 웃음을 잃었어요. 그 병은 고칠 방법도 없고, 절대 없어지지도 않고, 결국은 사람을 죽게 하는 병이었거든요. 나아만에겐 도움이 필요했어요.

때마침 나아만은 노예 소녀 한 명을 데리고 있었는데, 이 소녀는 나아만을 도와줄 수 있는 사람을 알고 있었어요. 그런데 문제가 있었어요. 나아만은 소녀의 원수였답니다.

얼마 전에 나아만은 군대를 이끌고 이스라엘에 있는 그 소녀의 집을 습격했어요. 그는 소녀의 가족들을 다 죽이고 소녀를 시리아로 끌고 와서는 자기 노예로 삼았답니다. 밤마다 소녀는 울다가 잠이 들었어요. 모든 것을 다 잃어버렸으니까요.

그런데 다른 사람도 아닌 그 소녀가 나아만을 돕고 싶었겠어요? 나아만을 미워하며 해치고 싶지 않았을까요? 잘못한 그대로 그에게 갚아 주고 싶은 게 당연하지 않나요?

맞아요, 그게 당연한 거죠.

하지만 소녀는 그를 미워하는 대신 오히려 사랑했어요. 그를 해치는 대신 소녀는 그를 용서했어요.

　소녀는 자기의 여주인에게 말했어요. "장군이 나았으면 좋겠어요.
이스라엘에 장군을 고쳐 줄 수 있는 엘리사라는 사람이 있어요."

　"그럼 가 보지!" 나아만은 그렇게 말하며 여러 개의 수레에 짐을 싣고
번쩍이는 갑옷을 입었어요. "왕궁으로 가자. 나처럼 중요한 사람은
왕궁에서 치료를 받는 법이니까!" 그렇게 그는 급히 이스라엘로 달려가
곧장 왕한테 갔죠. "나를 치료해 주시오!" 그는 거들먹거리며 말했어요.

왕이 대답했죠. "치료는 하나님만이 하실 수 있는 일이오."

바로 그때 엘리사한테서 이런 전갈이 왔어요. "나아만을 이리로
보내시오."

그래서 나아만은 급히 엘리사의 집으로 갔지요. 그런데 엘리사는
그를 맞으러 밖에 나오지도 않고 대신 종을 내보냈어요.

'엘리사는 내가 누구인지도 모른단 말인가?' 나아만은 화가 났어요.

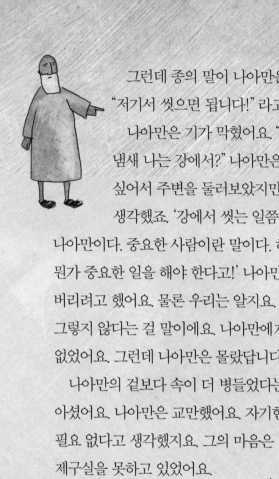

그런데 종의 말이 나아만을 더 기분 나쁘게 만들었어요. "저기서 씻으면 됩니다!" 라고 말했거든요.

나아만은 기가 막혔어요. "씻기만 하라고? 저 더럽고 냄새 나는 강에서?" 나아만은 종의 말이 혹시 농담이 아닌가 싶어서 주변을 둘러보았지만 아니었어요. 나아만은 이렇게 생각했죠. '강에서 씻는 일쯤이야 누구나 할 수 있어! 나는 나아만이다. 중요한 사람이란 말이다. 하나님이 나를 고쳐 주시려면 뭔가 중요한 일을 해야 한다고!' 나아만은 화가 나서 수레를 타고 가 버리려고 했어요. 물론 우리는 알지요. 하나님이 일하시는 방식은 그렇지 않다는 걸 말이에요. 나아만에게 필요한 것은 아무것도 없었어요. 그런데 나아만은 몰랐답니다.

나아만의 겉보다 속이 더 병들었다는 것을 하나님은 아셨어요. 나아만은 교만했어요. 자기한테 하나님은 필요 없다고 생각했지요. 그의 마음은 제구실을 못하고 있었어요.

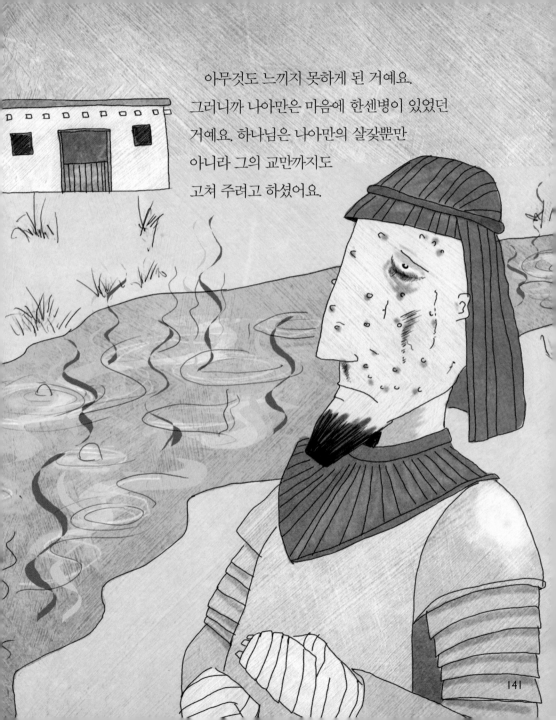

아무것도 느끼지 못하게 된 거예요.
그러니까 나아만은 마음에 한센병이 있었던
거예요. 하나님은 나아만의 살갗뿐만
아니라 그의 교만까지도
고쳐 주려고 하셨어요.

141

결국 나아만은 순순히 강에서 씻었어요. 그러자 그 즉시로 살갗이 아기 피부처럼 매끄러워졌죠.

나아만은 엘리사에게 값을 치르고 싶었어요.

하지만 엘리사는 말했지요. "하나님이 당신을 낫게 하셨습니다. 그러니 당신은 값을 치를 필요가 없어요. 공짜입니다."

중병에 걸렸던 나아만은 이렇게 해서 병이 나았답니다. 모두가 그를 용서한 노예 소녀 덕분이었지요.

하나님은 죄가 한센병과 같다는 것을 아셨어요. 죄는 하나님 자녀의 마음이 제구실을 못하게 만들고, 결국은 죽게 하지요. 먼 훗날 하나님은 또 다른 종을 보내실 거예요. 그 종도 소녀가 그랬듯 용서하실 거예요. 하나님의 모든 자녀를 용서하시고, 마음속의 나쁜 병을 고쳐 주시는 거죠.

아무리 망가져 버린 마음일지라도, 하나님은 그 마음을 고치실 수 있답니다.

'눈물 뚝!' 작전

장차 오실 구원자 이사야 9, 11, 40, 50, 53, 55, 60장의 예언

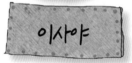

혹시 자신의 이름이 무슨 뜻인지 알고 있나요?

이사야라는 사람이 있었는데, 그의 이름은 '하나님이 구해 주신다!'라는 뜻이었어요.

약간 웃기게 들릴지 모르지만 이사야에게는 딱 맞는 이름이었죠.

하나님이 이사야에게 특별한 일을 맡겨 주셨거든요. 이사야의 일은 하나님의 말씀을 잘 듣고, 그것을 사람들에게 말해 주는 것이었어요.

하나님은 이사야에게 한 가지 비밀을 일러 주셨어요. 하나님이 그분의 망가진 세상을 고치실 거라는 비밀을요. 그분은 이사야에게 자신의 비밀 구원 계획을 알려 주셨어요. 바로 '눈물 뚝!' 작전이었지요.

하나님은 이사야에게 이렇게 말씀하셨답니다. 꼭 하나님이 자녀들에게 쓰신 편지 같죠!

사랑하는 어린 양들에게,

넓은 들판의 양들처럼 너희도 다 나를 떠나서 헤매고 있다. 너희는 언제나 나를 피해서 달아나곤 했다. 그래서 지금 너희도 갈 곳을 잃었지. 너희도 돌아오는 길을 찾을 수 없다.

하지만 나는 너희를 향한 사랑을 거둘 수 없구나. 내가 너희를 찾으러 가겠다. 너희를 돌보아 주고 사랑해 줄 목자를 너희에게 보내려는 것이다. 그 목자가 너희를 내가 있는 집으로 데려올 것이다.

너희는 캄캄한 방 안에 있는 사람들처럼 계속 더듬거리고 있다. 하지만 그 어둠 속으로 밝은 빛이 비칠 것이다! 빛인 그가 햇빛처럼 모든 그늘을 몰아낼 것이다.

작은 아기가 태어날 것이다. 왕의 아들이다. 그의 엄마는 남편도 없는 젊은 여자일 것이다. 그의 이름은 '임마누엘이 될 것이다. '하나님이 오셔서 우리와 함께하신다'라는 뜻이다.

그는 다윗 왕의 후손이며 평화의 왕이다. 그렇다. 바로 그가 와서 너희를 구해 줄 것이다! 하지만 그는 누구나 기대하는 그런 이는 아니다.

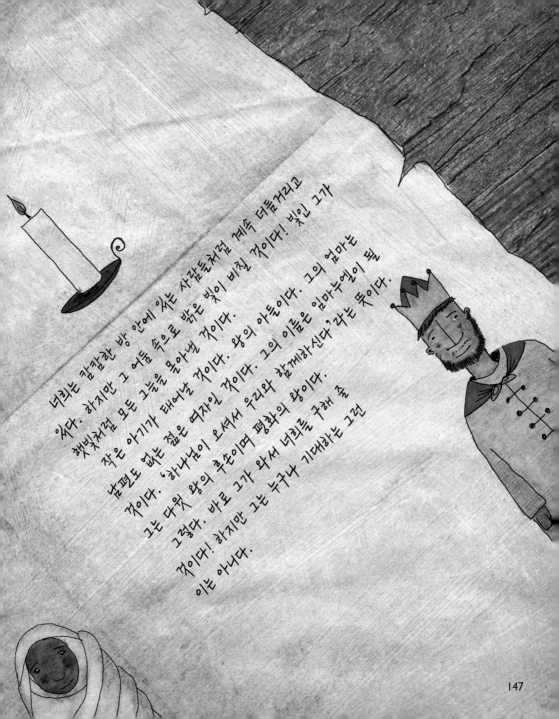

그는 왕이지만 왕궁에 살지 않을
것이다. 돈도 많지 않고 오히려 가난할 것이다.
그는 종이 될 것이다. 하지만 이 땅이 온 세상을
고쳐 줄 것이다.
그는 빵으로 될 것이다! 그는 자신의 사람들을 귀하여 싸울
것이고, 그들을 적들에게서 구해 줄 것이다.
그러나 그는 큰 군대로도, 칼로도 싸우지 않을
것이다. 그는 보지 못하는 이들이 보게 하고, 움직이기 어려운 이들을
사슴처럼 뛰게 할 것이다. 그는 모든 것을 원래의 상태대로 회복할
것이다.
하지만 사람들은 그를 미워할 것이고 그의 말씀을 듣지 않을
것이다. 그는 여린 양과 같이 고난을 당하고 죽을 것이다.

이것이 우리가 만든 비밀 구원 계획이다. 세상이
시작되기도 전부터 만든 것이다!
너희를 다시 데려오는 길도 이것뿐이다.
하지만 그 길은 재로 쉽지 않는다. 내가 그들 다시 살릴
것이다!

그러다가 어느 날 그가 영원히 다스리려고 다시 오면,
산들과 나무들이 춤추며 기쁘게 노래할 것이다! 땅은 큰소리로
외칠 것이다! 그의 이름이 온 땅에 가득찰 것이다. 물이
바다를 덮는 것처럼 말이다! 모든 슬픈 일들은 사라질 것이다.
죽음마저도 죽을 것이다! 그리고 그는 모든 눈에서 모든
눈물을 닦아 줄 것이다.
그렇다, 구원자가 올 것이다. 그를 찾아라. 그를 잘
살펴라. 그를 기다려라. 그가 올 것이다!
내가 약속한다.

　이사야도 참 안됐지요. 그는 백성에게 하나님의 편지를 읽어 주고 또 읽어 주었건만 아무도 듣지 않았어요. 전혀! 백성은 하나님의 약속을 들으려고 하지 않았어요. 믿지도 않았고요.

　혹시 너무 좋아서 믿어지지 않았던 것일까요? '잘 먹고 잘 살았대요'로 끝나는 이야기라서?

　하나님의 말씀이 옛날이야기처럼 들리기는 하지요. 더구나 사람들은 대뜸 말하죠, 옛날이야기는 사실이 아니라고.

　하지만 진짜 그럴까요?

다니엘의 무서운 하룻밤

다니엘과 사자 굴 다니엘 6장

하나님의 백성이 어려운 처지에 놓였어요. 그들은 포로로 잡혀서 먼 곳으로 끌려갔지요. 그들은 바벨론 왕의 노예가 되었어요. 그러나 하나님은 백성을 떠나지 않으셨답니다. 그분은 그들과 함께 계시면서 돌보아 주셨어요.

다니엘은 하나님을 사랑하고 그분께 순종하는 사람이었어요. 하나님은 다니엘에게 많은 어려운 것들을 깨달을 수 있게 해 주셨지요. 얼마 지나지 않아 다니엘은 바벨론 왕의 눈에 띄었어요. 다리오 왕은 아주 똑똑한 다니엘을 좋아했지요. 그래서 그는 다니엘을 으뜸가는 신하로 삼고 다른 많은 신하들을 거느리게 했어요.

그러나 다른 신하들이 좋아할 리가 없었어요. 그들은 왕이 자기들을
더 좋아해 주기를 바랐으니까요. 그들은 다니엘을 없애 버리고
싶었어요.

그래서 신하들은 다니엘을 몰래 염탐했어요.
다니엘의 허물을 찾으려고 한 거예요.
그러면 왕한테 일러바칠 수 있고,
어떻게든 해볼 수 있을 테니까요.
하지만 다니엘에겐 허물이 없었어요.
하나도 없었어요. 그들은 아무런
잘못도 찾을 수가 없었답니다.

딱 한 가지만 빼고요.
다니엘은 하루 세 번씩
자기 방으로 가서 문을 닫고
기도했어요. 무슨 일이 있어도
꼭 그렇게 했어요.

　신하들은 회심의 미소를 지었어요. "왕에게 말해서 법을 하나 만들게 하자. 왕 외에는 누구에게도 기도할 수 없도록 말이다! 다니엘은 이 법을 지키지 않을 테고, 그러면 벌을 받게 되는 거다!"

　그들은 꽤 괜찮은 생각을 해냈다고 못내 흐뭇해하며 즉시 왕에게 달려가 말했어요. 왕도 그들의 생각이 마음에 들었어요. 그들이 자기를 속이고 있다는 것을 왕은 몰랐거든요. 그래서 왕은 법을 만들었죠. "모든 사람은 오직 나한테만 기도해야 한다! 그렇지 않으면 사자들의 저녁밥이 될 것이다!"

　다니엘도 그 말을 들었어요. 하지만 그는 하나님 외에 다른 이에게 기도하는 것은 잘못된 일이란 걸 알았지요. 그는 하나님이 말씀하신 대로 할 수밖에 없었어요. 어떤 대가가 따르더라도, 설사 자기가 죽게 된다 해도 말이에요. 그래서 다니엘은 자기 방으로 가서 문을 닫고 기도했어요.

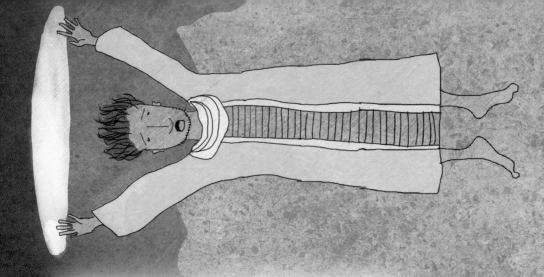

나쁜 사람들은 다니엘이 그럴 줄 알고 있었지요. 그들은 득달같이 왕에게 달려가 일러바쳤어요.

"오, 훌륭한 왕이시여. 왕의 법에 모든 사람이 오직 왕께만 기도해야 한다고 하지지 않았습니까?"

"그렇지." 왕이 말했어요.

"오, 위대한 왕이시여. 그렇다면, 혹시 우리가 틀렸으면 바로잡아 주소서. 다니엘이 지금 왕이 아니라 하나님한테 기도하고 있는 것 같습니다!"

왕은 슬펐어요. 수었던 다니엘을 해칠 마음이 없었지만 법을 고칠 수는 없었어요. 그래서 군사들을 보내 다니엘을 사자 굴에 던져 넣었어요. "네가 그토록 사랑하는 네 하나님이 너를 구해 주시기를 바란다!" 이렇게 말하면서요.

왕궁으로 돌아온 왕은 그날 밤에 잠을 이루지
못했어요. 뜬눈으로 밤을 지새웠죠. 계속 뒤척이다가
뿌옇게 먼동이 트자마자 그는 자리에서 뛰쳐나와
곧장 굴로 달려갔어요. "다니엘아?" 왕이 소리쳤어요.
"너의 하나님이 너를 구해 주셨느냐?"

"물론이지요!" 다니엘이 큰 소리로 대답했어요.
"하나님이 천사를 보내 주셔서 사자들의 입을 막아
주셨습니다!

정말, 제일 큰 사자가 다니엘의 무릎에 누워서 새끼 고양이처럼 가르랑거리고 있었어요. 왕은 다니엘을 굴에서 끌어냈어요. 그리고 말했죠. "보라! 다니엘은 한군데도 긁히지 않았구나!"

왕은 새로운 법을 만들었어요. "다니엘의 하나님이 참 하나님이시다. 구해 주시는 하나님이시다! 이제부터 그분께 기도하라!"

하나님은 그분의 백성을 계속 구해 주실 거예요. 하나님이 또 다른 용감한 영웅을 보내 주실 때가 다가오고 있었지요. 다니엘처럼 하나님을 사랑하고 하나님이 말씀대로 하실 분이지요. 어떤 대가가 따르더라도, 설사 자기가 죽게 된다고 할지라도 말이에요. 하나님과 그분은 함께 이 세상 최고의 구원 작업을 거뜬히 해내실 거예요.

하나님의 심부름꾼

요나와 큰 물고기 요나 1~4장, 히브리서 1:1~2

하나님은 요나에게 맡기실 일이 있었어요. 그런데 요나는 그 일을 원하지 않았어요.

하나님이 말씀하셨어요. "니느웨로 가서, 너의 철천지 원수에게 내가 그들을 사랑한다고 말해 주어라."

"싫어요! 그들은 악한 짓을 일삼는 나쁜 사람들이에요!" 요나가 말했어요.

"맞다." 하나님이 말씀하셨어요. "그들은 나를 떠나서 멀리 달아났다. 하지만 나는 그들을 향한 사랑을 거둘 수 없구나. 내가 그들에게 새로운 마음을 주겠다. 그들을 용서할 것이다."

"안 돼요! 그들은 자격이 없어요!" 그러면서 요나는 생각했죠. '달아나야지! 멀리 하나님이 나를 찾으실 수 없을 만큼 아주 멀리 달아나는 거야. 그러면 하나님이 시키시는 일을 안 해도 되겠지? 좋은 계획이야!'

자기 딴에는 좋은 계획이라고 생각했겠지요. 하지만 그것은 어리석은 계획이었어요.

　　우리가 피해서 달아나 봤자 하나님은 언제나 우리를
찾아내시거든요. 요나는 자신의 계획을 밀고 나갔어요. "니느웨에서
멀리 떨어진 곳으로 가는 표 한 장 주세요!" 그는 니느웨와는 정반대
방향으로 가는 배에 올라탔어요.

그런데 머잖아 거센 바람이 불면서 배가
앞뒤로, 옆으로 마구 흔들리기 시작했어요.
요나는 자기 자리에 꼿꼿이 앉아 있었죠.
하나님은 요나를 쫓아서 큰 풍랑을 보내셨어요.
요나의 잘못된 계획은 시작부터 틀어진 거예요.
　선원들은 배를 제대로 움직일 수 없었어요.
"배가 가라앉는다!"
　그들은 소리치며 모든 것을 물속으로 던지기
시작했어요. 짐 보따리와 먹을 양식 할 것 없이
무엇이든 보이는 대로 다 버렸지요.
　그때쯤 요나는 그 풍랑이 자기 때문이라는
것을 깨달았어요. 그래서 선원들에게 큰 소리로
말했죠. "나를 바다에 던지시오! 그러면 풍랑이
그칠 것이오!" 선원들은 어찌해야 좋을지 몰라
했어요. 요나가 소리쳤어요. "모두의 목숨을
건질 길은 그것뿐이오!"
　그래서 하나, 둘, 셋!

풍덩!
요나가 물에 닿기 무섭게 물결이 잔잔해지고 바람이
잦아들고 풍랑이 그쳤어요.

바로 그때, 요나가 다 끝났다고 생각했을
때, 틀림없이 물에 빠져 죽는 줄로만
알았을 때, 하나님은 큰 물고기를
보내셔서 그를 구해 주셨답니다.
물고기는 요나를 한 번에
꿀꺽하고 통째로 삼켜 버렸어요.

요나는 분명히 자기가
죽은 줄로 알았을 거예요.
그 안은 무덤 속처럼 아주
캄캄했으니까요. 하지만 음식
썩는 냄새도 나고 미끌미끌한
해초도 만져졌어요. 그래서
요나는 자기가 죽지 않았다는
것을 알았지요. 그는 물고기
뱃속에 있었던 거예요.

꼬박 사흘 동안 그 캄캄한
물고기 뱃속에 앉아서 요나는
생각했어요. 그는 자신의 계획이
아주 어리석었음을 깨달았어요.
달아난 것이 후회스러웠어요.

그래서 그는 큰 물고기 속에서
하나님께 기도했어요. 용서를
구했답니다.

사흘 후에 물고기는 요나를 어떤 모래사장에
뱉어 냈어요.
　바로 그때 요나의 이름을 부르는 소리가
들려왔어요. "니느웨로 가라!" 하나님이
말씀하신 거예요.
　그렇다면, 이번에는?
　요나는 "예!" 하고 말했어요.
그는 곧바로 니느웨로 가서
모든 사람에게 하나님의
놀라운 말씀을 전했지요.

요나는 그들에게 말했어요. "여러분은 하나님을
떠나 멀리 달아났지만 하나님은 여러분을 향한
사랑을 거두시지 않았습니다. 어서 하나님께
나아가십시오! 그러면 그분이 용서해 주십니다."

니느웨 사람들은 요나의 말을 들었어요.
그리고 하나님을 사랑하기 시작했지요. 그들은
하나님을 피해서 달아나기를 그만두고 하나님의
말씀대로 사는 법을 배웠어요. 요나처럼요.

먼 훗날 하나님은 또 다른 심부름꾼을 보내셔서
그와 똑같은 놀라운 메시지를 전하게 하실 거예요.
요나처럼 그분도 사흘 동안 칠흑같이 캄캄한 곳에서 보내시게 돼죠.

그런데 이 심부름꾼은 하나님의 친아들이세요. 사람들은 그분을
'말씀'이라고 부르게 되지요. 그분 자신이 하나님의 말씀, 우리가
알아들을 수 있는 말로 번역된 하나님의 말씀이시니까요. 하나님이
온 세상에 알려 주고 싶으신 모든 것을 갖고 사람으로 오신 거예요.

준비하라!

노예 생활에서 돌아온 하나님의 백성 느헤미야 8~10장, 말라기 1, 3~4장, 에스라 7장

일주일 내내 계속되는 파티, 온종일 계속되는 말씀?!

노예 생활을 하다가 돌아온 하나님의 백성에게 바로 그런 일이 벌어졌답니다. 그들은 하나님이 원하시는 삶이 무엇이며 자기들이 어떤 사람들이 되어야 하는지 여태 잊고 살았어요. 그래서 에스라와 느헤미야는 하나님이 모세에게 주셨던 규칙들을 그들에게 읽어 주었죠.

그런데 이상한 일이 벌어졌어요. 설교가 계속될수록 그들 모두는 자꾸 슬퍼졌던 거예요. 왜 그랬을까요? 설교가 지루해서? 아니, 아니었어요. 참 이상하지요. 에스라가 읽어 나가는 규칙의 책은 마치 거울과 같았어요. 그들의 모습을 그대로 비춰 준 거예요. 그들은 자기들의 그런 모습이 싫었어요.

규칙과 그 이상의 규칙/ 몇 가지 덧붙인 규칙/ 더 많은 특별 규칙/ 그밖에 더 많은 다른 규칙/ 규칙 규칙/ 더 많은 규칙/ 그보다 더 많은 규칙/ 아주 더 많은 규칙/ 보너스 규칙/ 더 많고 많은 규칙/ 규칙에 특별 추가 규칙/ 그 이상 더 많은 규칙/ 몇 가지 더한 규칙/ 특별 보충 규칙/ 규칙과 규칙/ 아주 더 많

이제 와서 보니 그들은 마땅히 살아야 하는 대로 살지 않았어요. 무자비하고 이기적이었어요.

"우리는 망했다. 이제 하나님이 우리를 벌하실 거야!" 그들은 소리쳤어요.

하나님이 어떻게 하실지, 그들은 스스로 안다고 생각했어요. 하지만 몰랐어요. 물론 그들은 에스라의 이름에서 힌트를 얻을 수도 있었겠지요. 그의 이름은 '도움이 여기 있다!'라는 뜻이니까요. 또 느헤미야의 이름에서는 더 강한 힌트를 얻을 수도 있었을 테고요. 그의 이름은 '하나님이 우리의 눈물을 닦아 주신다'라는 뜻이거든요. 곧 보겠지만, 하나님은 바로 그 일을 하려고 준비하시는 중이었어요.

에스라는 하나님의 자녀를 보았어요. 그들의 눈에 뜨거운 눈물이 가득 고여 주르르 흘러내렸어요. 그는 설교하다 말고 중간에 책을 덮었죠. 그러고는 "지금부터 파티 시간입니다!" 하고 소리쳤어요. 그래서 그들은 파티를 벌였답니다. 일주일 내내 말이에요.

규칙/ 그보다 더 많은 특별 규칙/ 보충 규칙/ ...너스 보충 규칙/ 더 많은 보충 규칙/ 규칙과 규칙/ 그 이상의 규칙/ 그밖에 특별 추가 규칙/ 그보다 더 많고 많은 규칙/ ...보조 보충 규칙 / 추가 규칙/ 보조 규칙/ 그밖에 다른 규칙

"하나님은 우리가 행복해지기를 원하십니다." 에스라가 말했어요.
온종일 그들은 하나님이 그분의 백성을 위해서 하셨던 놀라운
일들을 들었어요. 그분이 세상을 지으신 이야기, 아브라함에게 특별한
약속을 주신 이야기, 그들을 노예 생활에서 구해 주신 이야기, 모세를
통해 백성에게 어떻게 살아야 할지를 가르쳐 주신 이야기, 그들을
특별한 땅으로 인도하신 이야기, 절대로 그만두거나 포기하지 않는
사랑, 끊어지지 않고 언제까지나 영원한 그분의 사랑 때문에 무슨

일이 있어도, 번번이, 자꾸만 계속 그들을 구해 주신 이야기….

그 오랜 세월 동안 하나님이 자기 자녀를 언제나 사랑해 주셨다는 걸 백성들은 기억하게 되었어요. 그분이 아브라함에게 한 약속을 지키셨고, 그들을 보살피며 용서해 주셨던 것을요. 그들이 불순종했을 때에도, 그분을 피해서 달아났을 때에도, 하나님이 필요 없다고 생각했을 때에도 말이에요.

그리고 나서 하나님은 그분의 자녀들에게 말씀하셨답니다.

나는 너희를 향한 사랑을 거둘 수 없다.
너희는 내 마음의 보물이다.
그런데 나는 너희를 잃어버렸다.
이제 내가 너희에게 돌아갈 것이다.

나는 너희에게 부드럽게 비추어
어둠과 두려움과 죽음을 쫓아내는 해와 같다.
너희는 마냥 행복해질 것이다.
넓은 들판에서 자유로이 뛰노는
어린 송아지들처럼 될 것이다.

내가 약속했던 내 심부름꾼을 보낼 것이다.
너희가 내내 기다려 왔던 그분.
구원자.

그분이 오고 계시다. 그러니 준비하라!

하나님의 백성은 준비하는 데 오랜 세월이 걸렸지만, 이제 하나님의 계획의 알짜배기 부분이 이루어질 때가 거의 다 되었어요.

하나님이 친히 오시는 거예요. 그분의 사람들을 벌하시기 위해서가 아니라 구해 주시려고 말이지요.

하나님은 모든 눈에서 모든 눈물을 닦아 주시려고 준비하고 계셨던 거예요.

이제 조금만 있으면 진짜 파티가 시작된답니다.

바로 그분

아기 예수님의 탄생 누가복음 1~2장

모든 것이 다 준비되었어요. 하나님이 기다려 오신 그 순간이 마침내 다가왔죠! 맨 처음부터 약속하신 그대로 하나님이 곧 오시는 거예요. 그분의 사람들을 도우려고 말이에요.

하지만 그분은 어떻게 오실까요? 어떤 분이실까요? 어떤 일을 하실까요?

산들이 절이라도 했을 거예요. 바다들이 함성을 지르고, 나무들이 손뼉을 쳤겠죠. 그러나 땅은 숨을 죽였어요. 그분은 하늘에서 내리는 눈처럼 소리 없이 오셨어요. 아무도 보고 있지 않을 때, 어둠 속으로 그분은 오셨답니다.

요셉이라는 남자와 약혼한 한
젊은 여자가 있었어요. 요셉은 다윗
왕의 아주 까마득한 후손이랍니다.

어느 날 아침, 이 여자가 자기
일을 하고 있는데 갑자기 위대한
빛의 용사가 나타났어요. 바로
거기, 여자의 방에 말이에요. 그는
천사 가브리엘이었어요. 천국에서
온 특별한 심부름꾼이었지요.

빛이 나는 사람이 서 있는 것을
본 마리아는 무서웠어요.

"두려워할 것 없다." 가브리엘이
말했어요. "하나님은 너를 아주
기뻐하신다!"

마리아는 그가 혹시 다른
사람에게 말하는가 싶어서 주위를
둘러보았어요.

"마리아야." 가브리엘이
말했어요. 그가 어찌나 기뻐하며
웃는지 마리아의 눈에는 어느새
눈물이 고였어요.

"너는 아들을 낳을 것이다. 이름을 예수라고 지어라. 그는 하나님의 친아들, 구원자이시다!"

우주에 별들을 흩뿌리시고 움직이게 하신 하나님, 말씀 한마디로 천지를 지으신 하나님, 무엇이든 못하실 게 없으신 하나님, 그분이 지금 스스로 작아지시려는 거예요. 아기가 되어서 내려오시려는 거예요.

아니, 잠깐만요. 하나님이 이 세상을 구하려고 아기를 보내신다고요?

"하지만 너무 놀랍습니다! 어떻게 그럴 수 있나요?" 이렇게 말하는 마리아의 심장이 마구 두근거렸어요.

"하나님이 못 하실 일이 있더냐?" 가브리엘이 물었어요.

마리아가 말했어요. "저는 하나님의 종입니다. 무엇이든지 하나님이 말씀하시는 대로 하겠어요."

마리아는 자기 눈에 보이는 것보다 하나님을 더 신뢰했어요.

진짜로 천사가 말한 대로 되었답니다. 아홉 달이 지나서 마리아는
아기를 낳을 때가 거의 다 되었어요.
　　마리아와 요셉은 다윗 왕의 고향인 베들레헴으로 갈 일이 생겼어요.
그런데 그 작은 동네에 도착해 보니 이미 방이 다 차 있었어요. 잠잘
곳이 없었던 거예요.

"여기는 묵을 곳이 없으니 딴 데로 가 보세요!" 여관 주인들은
이렇게 말했어요. 어떡하죠? 곧 마리아가 아기를 낳을 텐데 말이에요.
결국, 요셉과 마리아가 찾아낸 곳은 낡고 허름한 마구간이었어요.
그들은 소들과 나귀들과 말들의 보금자리에 묵었답니다.

바로 거기 마구간의 닭들과 나귀들, 소들 사이에서, 고요한 밤에, 하나님이 놀라운 선물을 세상에 주셨답니다. 세상을 변화시킬 아기가 태어난 거예요. 그 아기는 하나님의 아들이었어요.

마리아와 요셉은 아기를 잘 싸서 따뜻하게 해 주었어요. 그들은 짐승들의 여물통을 침대 삼아서 밀짚으로 폭신폭신하게 이불을 깔아 주었죠. 그러고는 포대기에 싸여 구유에 뉘어 있는 하나님의 크신 선물을 신기하게 바라보았어요.

마리아와 요셉은 아기의 이름을 예수, '임마누엘'이라고 지었어요. '하나님이 오셔서 우리와 함께 사신다!'라는 뜻이지요. 하나님이 정말로 이 땅에 오셨으니까요!

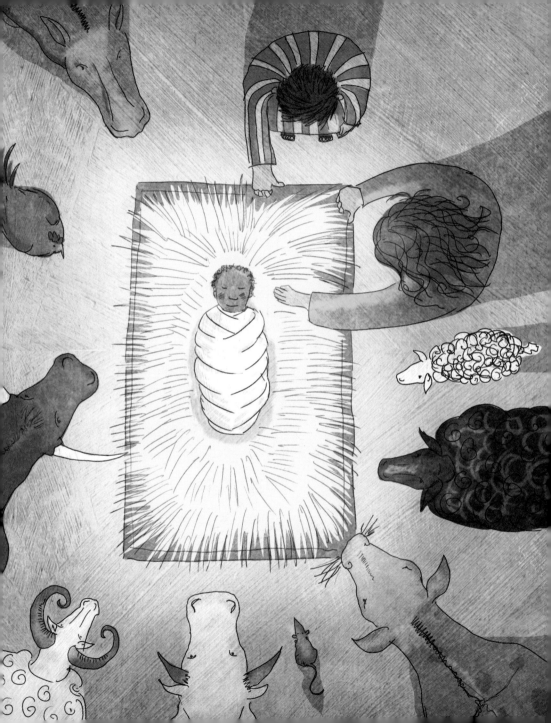

온 세상의 빛

목자들 이야기 누가복음 2장

바로 그 밤, 갑자기 밝은 별 하나가 새로 나타났어요. 둥글고 캄캄한 하늘의 별들 중에서 가장 환히 빛났죠. 한밤에 그 별이 반짝이니까 다른 별들은 다 빛을 잃고 말았지요.

하나님은 그분의 아들이 태어나실 때에 그 별을 거기에 두셨답니다. 환한 조명처럼 그분 위를 비추고 어둠을 밝히도록 말이에요. 사람들에게 아기에게로 가는 길을 보여 주려고요.

하나님은 마치 새로 아빠가 된 사람과 같았어요. 하나님은 기쁜 소식을 혼자만 알고 계실 수 없었어요. 오랜 세월, 그분은 이 순간을 기다려 오셨거든요. 그래서 모두에게 알리고 싶으셨던 거예요.

그래서 하나님은 모든 노력을 다하셨어요. 천사를 보내서 마리아에게 기쁜 소식을 들려 주셨죠. 하늘에 특별한 별을 두셔서 그분의 아들이 어디 있는지 사람들에게 보이셨고요. 그리고 이제 하나님이 거대한 천사 합창대를 보내셔서 세상에 기쁜 노래를 부르게 하실 참이었어요. "하나님의 아들이 오셨다! 여기 오셨다! 가서 그분을 보아라, 내 작은 아기를!" 하고 말이에요.

만약 우리 같으면 그런 웅장한 합창대를 어디로 보낼까요? 커다란 공연장으로? 아니면 왕궁으로? 그런데 하나님은 합창대를 한밤중 어느 작은 고을 언저리의 작은 언덕으로 보내셨답니다. 베들레헴 바깥에서 양 떼를 지키고 있던 보잘것없는 목자들에게 그 많은 천사를 보내신 거예요.

그 당시에 사람들은 목자들을 비웃고, 무시하고, 여기에 감히 쓸 수 없는 여러 못된 말들로 욕하곤 했답니다. 그러니까 목자들은 보잘것없는 사람, 그저 아주 지저분한 천민이었어요.

하지만 하나님은 목자들을 아주 중요하게 보신 것이 틀림없어요. 기쁜 소식을 처음 들려줄 사람들로 그들을 택하셨으니 말이에요.

그날 밤, 들판에 나가 있던 목자들 몇 명이 모닥불을 쬐고 있는데, 갑자기 양들이 흩어져 뛰었어요. 뭔가에 겁이 났던 거예요. 나무들이 바스락거렸어요. 무슨 일일까요? 새가 푸드덕 날아간 걸까요?

목자들은 뒤를 돌아보았어요. 그들 앞에 커다란 빛의 용사가 어둠

속에 빛을 발하며 서 있었어요. 환하게 빛나는 그가 말했어요. "나를

무서워하지 말라! 나는 너희를 해치러 온 것이 아니다. 나는 온 세상

모두를 위한 기쁜 소식을 너희에게 가져왔다. 오늘 다윗의 동네

베들레헴에 하나님의 아들이 태어나셨다! 너희가 가면 볼 수 있다.

아기는 구유 안에서 자고 있다."

천사 뒤쪽으로 이상하게 빛나는 구름이 보였어요. 사실은 구름이

아니라 천사들이죠. 수없이 많은 천사의 군대가 빛으로 무장하고

있었던 거예요. 그들은 아름다운 노래를 불렀어요. "하나님께

영광을! 존귀와 영광과 우리의 모든 만세를 하나님께!"

그러더니 천사들은 나타날 때처럼 순식간에 사라져 버렸어요.

목자들은 봄을 끄는 양들을 두고 달려갔어요. 풀이 없인 언덕을

내려가, 베들레헴의 문들을 지나고, 좁다란 자갈길을 지나, 어떤

집 안마당을 지나고, 계단을 뛰어 내려가, 여관을 지나고, 모퉁이를

돌고, 울타리를 지나서, 마침내 그들이 다다른 곳은…

어떤 허름한 마구간이었어요.

목자들은 숨을 골랐어요. 그리고는 조용히 발끝으로 걸어 안으로
들어갔지요. 그들은 더러운 바닥에 무릎을 꿇었어요. 전에도 그들은
이 약속된 아이에 대하여 들었는데, 드디어 그분이 오신 거예요.
별들을 지으신 분이 아기로 오셔서 엄마 품에서
잠자고 있었어요.

이 아기는 그날 밤하늘에 빛나던
그 밝은 별처럼 되실 거예요.

온 세상을 비추는 빛이
되어 어둠을 몰아내고
사람들의 눈을 뜨게 하실
거예요. 밤이 어두울수록
별은 더 밝게 빛나겠지요.

만왕의 왕

세 박사 이야기 마태복음 2장

머나먼 동방에서 세 명의 지혜로운 사람이 똑같은 별을 보았어요.
　예수님이 태어나실 때 하나님이 하늘에 두신 그 별이었지요.
그들은 그것이 징조라는 것을 알았어요. 왕이 태어났다는 뜻이었죠.
그들은 이 별을 기다려 왔어요. 이 별이 나타날 것을 알고 있었거든요.
"그분이 오셨다! 그분이 오셨다!" 그들은 소리쳤어요. 우리가
그곳에 있었다면, 해가 뜰 때까지 웃고 춤추고 노래하던 그들의
소리를 들었을 거예요.
　새벽녘에 그들은 낙타에 짐을 싣고는 아기에게 드릴 선물을
준비했어요. 황금, 유향, 몰약이라는 가장 귀한 보물을 가져갔답니다.
향기가 곱고 반짝반짝 빛나는 특별한 물건들, 왕께 딱 어울리는
것들이었지요.

세 박사는 길을 떠났어요. 만약 우리가 그들을 만났다면 왕인 줄
알았을 거예요. 그만큼 그들은 아주 부유하고 똑똑하고 중요해
보였답니다.

그들은 낙타를 타고서…

끝없는 사막을 가로지르고…

아주 가파른 산들을 올랐다가…

아주 깊은 골짜기로 내려가고…

거친 강을 건너고…

풀밭 평원을 지나서…

밤낮으로 낮과 밤으로 계속 갔어요. 그러다 보니 몇 시간은 며칠이
되고, 며칠은 다시 몇 주가 되고, 몇 주는 다시 몇 달 또 몇 달이 되어서,
마침내 그들이 다다른 곳은…

예루살렘이었어요.

예루살렘은 그 일대에서 가장 중요한 도시였어요. 그곳엔 왕궁이 있었어요. 왕은 왕궁에서 태어나잖아요. 그래서 그들은 왕궁으로 갔어요. 하지만 그들은 곧 깜짝 놀라게 된답니다.

그들은 왕궁에서 헤롯 왕을 만났어요. 왕이라면 아기가 어디 있는지 틀림없이 알 테죠.

그러나 헤롯 왕은 몰랐어요. 사실 그는 새 왕이 났다는 소리가 싫었어요. 불쾌했어요. 자기 말고는 아무도 왕이 되기를 원하지 않았거든요. 다행히 헤롯의 신하들이 자신들의 책에 쓰여 있는 내용, 하나님이 그 아기 왕에 대해서 하셨던 말씀을 세 박사에게 알려 주었어요. "베들레헴으로 가시오. 거기 가면 아기를 만나게 될 것이오."

갑자기 동방에서 보았던 그 별이 다시 움직이더니 박사들에게 길을 일러 주었어요. 그래서 세 박사는 별을 따라 큰 도시를 벗어나 작은 고을 베들레헴으로 들어갔답니다. 별을 따라 거리를 지나고, 좁은

흙길을 지나 마침내 도착한 곳은… 어느 작은 집이었어요.
맞아요, 그곳은 왕궁이 아니었어요. 호위병은커녕 하인들도
없었죠. 깃발도, 빨간 융단도 없었어요. 나팔도 없었고, 아무것도
없었어요. 박사들이 잘못 찾아온 걸까요?
아니면 하나님이 일부러 그렇게 하셨을까요?

박사들은 그 작은 집 안에서 엄마
무릎에 앉아 있는 아기를 만났어요. 아기
왕을 만난 거예요.

세 사람은 어린 왕 앞에 무릎을
꿇었어요. 그리고 자기들의 멋지고
화려한 터번과 반짝이는 금 면류관을
벗었지요. 그들은 그 지체 높은 머리를
바닥에 조아리며 빛나는 보물을 아기에게
바쳤어요.

아득히 먼 옛날에 하나의 여정이
시작되었고, 그 여정을 따라 세 박사는
여기까지 왔답니다. 작은 고을, 작은 집,
작은 아이에게로 말이에요.

멀고 먼 옛날에 하나님이 다윗에게
약속하셨던 그 왕이었어요.

이 아기는 새로운 왕이었어요.
하늘나라의 왕이신 그분이 작아지셨어요.
전능하신 하나님이신데도 힘없는 아기가
되셨어요. 이 왕은 대장이 되려고 오신
것이 아니에요. 그분은 종이 되려고
오셨답니다.

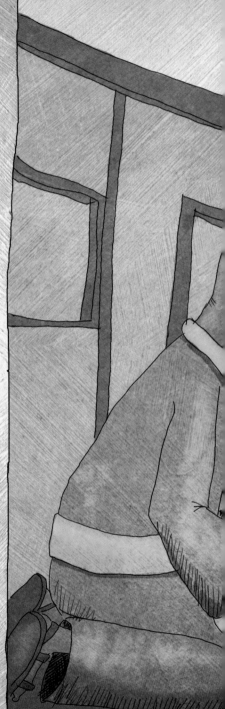

천국이 뚫고 들어오다

세례 요한 이야기 마태복음 3장, 누가복음 1, 3장, 요한복음 1장

예수님이 태어나신 것과 비슷한 때에 또 한 아기가 태어났어요. 그의 이름은 요한이었는데, 하나님이 그에게 특별한 일을 맡기셨어요. 예수님을 잘 맞이하도록 모든 사람들을 준비시키는 일이었지요.

요한이 태어나던 날, 그의 아버지는 알았어요. 아브라함에게 주신 하나님의 약속이 이루어지고 있다는 것을, 하나님이 구원자를 보내신다는 것을 말이에요. 요한의 아버지는 아주 기뻐서 이런 노래를 불렀어요.

절대로 그만두거나 포기하지 않는 사랑,
끊어지지 않고 언제까지나 영원한 사랑으로
하나님이 우리를 사랑하시기에
그분이 천국에서 우리에게 빛을 보내시니
그 빛이 해처럼 우리를 비추고
어둠과 죽음의 그늘 속에
살아가는 사람들을 비추고,
우리의 발을 평화의 길로 인도하네.

요한은 자라서 좀 별난 사람이 되었어요. 그는 사막에 살았답니다.
그리고 낙타 털로 만든 꺼끌꺼끌한 옷을 입었어요. 턱수염은 덤불처럼
아주 부스스했고 머리는 아주 길고 텁수룩했어요. 가장 이상한 것은
따로 있었지요. 그는 메뚜기만 먹었답니다.
메뚜기를 꿀에 찍어서 먹었어요.

하나님은 요한을 보내셔서 그분의 백성들에게 중요한 말을 하게
하셨어요. "하나님을 피해서 달아나던 것을 그만두고 그분에게
달려가십시오. 여러분은 구원을 받아야 합니다. 여기 기쁜 소식이
있습니다. 구원자가 오십니다! 마음을 준비하고 그분을 맞이하십시오.
여러분의 왕께서 오고 계시니 준비하십시오."

아주 많은 사람이 요한의 말을 들었어요. 그들은 죄를 지었던 것이
마음에 걸렸어요. 하나님을 피해서 달아나기를 그만두고 싶었어요.
구원받고 싶었던 거예요. 그래서 요한은 그들에게 세례를 주었답니다.
물속에 잠겼다가 나오게 하는 예식이었어요. 이렇게 하는 건 하나님을
따르겠다는 고백이고, 새로운 삶을 시작하고 싶다는 표시였어요.

하루는 요한이 보통 때처럼 요단 강에서 사람들에게 세례를 주다가 고개를 들어 보니 물가로 걸어오는 한 사람이 보였어요.

하나님이 요한에게 나직이 말씀하셨어요. "바로 이분이시다!" 요한은 가슴이 뛰었어요. 그가 평생 기다려 오던 순간이었거든요. "보라." 예수님이 물속으로 들어오실 때 요한이 말했어요. 하지만 그의 목소리는 꼭 귓속말 같았어요.

소리를 더 크게 낼 수가 없었던 거예요. 그는 겨우 입이라도 뗄 수 있었답니다. "온 세상의 죄를 가져가시는… 하나님의 그 어린양… 가장 좋은 양이시다."

"내게도 세례를 주겠느냐?" 예수님이 물으셨어요.

요한은 "제가 누구이기에 감히 당신께 세례를 베풀겠습니까?"라고 말했지요.

예수님이 말씀하셨어요. "하나님이 원하시는 일이란다."

그래서 요한은 예수님께 세례를 베풀었답니다.

그때 갑자기 누군가가 캄캄한 방의 커튼을 확 걷어 낸 것 같았어요.

마치 천국이 활짝 열리기라도 한 것처럼요. 아름다운 빛이 구름을 뚫고서 예수님께 비치며 그분을 금빛으로 감쌌던 거예요. 그분의 머리에 묻은 물방울들이 작은 다이아몬드처럼 반짝반짝 빛났어요.

하얀 비둘기가 날아 내려와 예수님 위에 가만히 앉았어요.

그리고 하늘에서 목소리가 들렸죠. 크고 우렁차고 똑똑한 소리라서 누구나 다 들을 수 있었어요. 하나님이 말씀하셨어요.

"이는 내 아들이다. 나는 그를 사랑한다. 그를 아주 기뻐한다. 너희는 그의 말을 들어라."

천국이 어둠을 뚫고 들어왔어요.

위대한 구원이 시작된 거예요!

가자!

광야에서 유혹받으신 예수님 그리고 제자들을 택하신 예수님
마태복음 4장, 마가복음 1장, 누가복음 4~6장

예수님은 세례를 받으시고 나서 곧바로 광야로 가셨어요. 언뜻 보기에 사막은 사람이 갈 만한 곳이 못되지요. 알다시피 사막은 아주 뜨거운데다 음식이나 물이나 잠잘 곳도 없으니까요. 하지만 예수님은 혼자 떨어져서 어디 조용하고 한적한 곳에 계셔야 했어요. 하늘 아버지와 함께 계시면서 자신의 새로운 삶을 준비하셔야 했던 거예요. 사막에서 예수님은 전에 하나님과 함께 세우셨던 비밀 구원 계획을 생각하셨어요. 세상을 지으시기도 전부터 하나님과 예수님은 앞으로 어떤 일이 있어야 할지를 아셨거든요. 하나님의 자녀를 구해 주시려면 예수님이 죽으셔야만 했어요. 그분이 오신 이유도 바로 그것이었답니다.

그런데 전에 동산에서 뱀으로 아담과 하와에게 거짓말했던 그 옛

원수는 예수님이 하나님의 사람들을 구해 주시는 것을
싫어했어요. 그래서 그는 예수님께 거짓말로 이렇게
속삭였지요.

"네가 정말로 하나님의 아들이냐? 너도 참
딱하구나! 하나님은 너를 사랑하지 않는 것이
분명해. 너는 죽지 않아도 돼. 내 말을 들어."

예수님이 그 거짓말쟁이에게 말씀하셨어요.
"아니다! 나는 하나님이 말씀하시는 대로 할 거다."

그 순간부터 모든 것이 달라졌어요.

예수님은 아담과는 다르셨거든요. 예수님은 새로운
사람이셨어요. 그분은 원수가 속삭이는 더러운
거짓말을 믿지 않으셨어요. 예수님은 하나님이 자신을
사랑하신다는 것을 아셨어요. 그리고 그분은 끝까지
하나님을 신뢰하셨어요. 무슨 일이
있어도요.

　　아득히 먼 옛날 하나님이 아담과 하와에게 약속하신
그대로였어요. 예수님은 뱀이 하는 일과 맞서 싸우려고 오신 거예요.
그분은 죄와 어둠과 눈물을 없애실 거예요. 또 그분은 고난을
당하시겠지만 이기실 거랍니다.

　　예수님은 사막을 떠나서 위대한 구원의 일을 시작하셨어요.
하나님의 사람들을 다시 돌아오게 하시는 거예요.

　　우선 그분은 친구들을 찾으셔야 했어요. 할 일이 많았거든요.
예수님을 도와드릴 사람들이 필요했어요.

　　어떤 사람들이 좋은 친구가 될 수 있을까요? 똑똑한 사람? 부자?
힘세고 중요한 사람? 그렇게 생각할 수도 있겠지요. 하지만 아니라는
걸 이젠 굳이 말하지 않아도 알겠죠? 하나님이 쓰시는 사람들은 꼭
지식이 많다던가 재산이 많아야 할 필요가 없거든요. 그냥 하나님
없이는 못 사는 사람들이면 돼요.

　　하루는 예수님이 갈릴리 바닷가를 걸으시다가 그물을 깁고 있는
어떤 형제들과 친구들을 보셨어요. 그들은 가난한 어부들이었어요.

　　예수님이 큰 소리로 그들을 부르셨어요. "가자!"

베드로와 안드레, 야고보와 요한은 해변에 계신 그분을
쳐다보았어요. 그리고 설명할 수 없는 일이 벌어졌죠.
그들은 배도 잘 관리해야 했고, 그물도 기워야 했어요.
해변에는 아직도 물고기들이 퍼덕이고 있었고요.
그런데 이 낯선 분에게는 뭔가가 있었어요. 그들로
하여금 그물과 물고기와 배를 놓아두고, 모든
것을 버려두고 그분을 따라가게 하는 힘이
있었던 거예요.

하나님이시자 사람이신 예수님은 지금까지 그들이 만나 본
사람들과는 달랐어요. 예수님을 보자 그들의 마음은 신기하게도
영원한 행복으로 가득 찼어요. 그들은 마치 드넓은 벌판을 자유롭게
달리는 것 같았죠. 예수님은 베드로, 안드레, 야고보, 요한, 마태,
빌립, 바돌로매, 도마, 다른 야고보, 시몬, 다대오, 유다, 이렇게 열두
명에게 자신의 친구가 되어 달라고 하셨어요.
예수님을 만난 그들은 모두 영원히 변하게 된답니다.

어린 소녀와 불쌍하고 병약한 여자

야이로의 딸 이야기, 혈우병에 걸린 여인 누가복음 8장

어떤 소녀가 있었는데, 어느 날 아침에 잠자리에서 일어나지 못했어요.

이튿날 아침에도, 그 이튿날 아침에도 일어나지 못했죠. 사실 소녀는 꼬박 한 달 동안이나 자리에서 일어나지 못했답니다. 소녀는 아주 많이 아팠는데, 아무도 낫게 할 방법을 몰랐어요.

야이로는 그 소녀의 아버지였어요. 그는 딸을 사랑했지요. 그날도 야이로는 무슨 방법이 있기를 바라면서 딸의 손을 잡고 침대 옆에 앉아 있었어요. "알았다!" 그는 벌떡 일어나서 겉옷을 걸치고, 딸에게 입을 맞추고는, 계단을 한달음에 내려가, 하인들이 있는 곳을 지나고, 집 밖으로 나가서… 문들을 지나고, 길을 따라서, 고을로 들어가, 계단을 성큼 뛰어 올라가서, 성전 안으로 들어갔어요.

그는 어렵게 여러 사람을 헤치고, 마침내 자기가 찾던 분을 발견했어요.

"예수님! 제 딸을 부디…."

야이로는 예수님 발밑에 엎드려 간청했어요.

하지만 그는 애원할 필요가 없었어요. 그가 말을 마치기도 전에
예수님이 손을 내밀어 그를 일으켜 세우며 말씀하셨어요.

"내가 당장 가겠다."

야이로의 눈에 눈물이 고였어요. 예수님이 가시면 다 잘될 거예요.

물론 그 당시에는 구급차가 없었기 때문에 그들은 걸어서 갈 수밖에
없었어요. 예수님의 친구들은 그분이 병든 소녀를 낫게 하시리라는
것을 알았어요. 그렇지만 그들은 서둘러야 했어요. 예수님이 그곳에
빨리 가지 못하시면 때를 놓치고 말 테니까요.

하지만 사람들이 하도 많아서
걸음이 더뎠어요. 밀치락달치락,
사람들은 서로 밀고 당겼어요.
　그런데 갑자기 예수님이
걸음을 멈추셨어요.
　"누가 내게 손을 대었느냐?"
예수님이 물으셨어요.
자기에게서 능력이 나가는 것을
느끼셨던 거예요.
　"저예요." 한 병약한 여자가
부끄러워하며 고개도 못 들고
말했어요.
　이 불쌍한 여자는 12년
동안이나 아팠어요. 꼭 낫고
싶었지요. 여자는 예수님의
옷을 만지기만 해도 나을 것을
알았어요. 그래서 예수님의
옷을 만졌는데, 그 즉시로 병이
나았답니다.
　"시간이 없습니다!" 예수님의
친구들이 말했어요.

하지만 예수님은 손을 내밀어
여자의 고개를 가만히 들어
올리셨어요. 그러고는 생긋
웃으셨지요.

예수님은 "너는 믿었다.
그래서 이제 낫게 되었다"
하시면서 여자의 눈에서 눈물을
닦아 주셨답니다.

바로 그때 야이로의 종이
부리나케 달려와 말했어요.
"너무 늦었습니다. 주인님의
딸이 죽었어요."

그러나 예수님은 야이로를
보시며 말씀하셨어요. "늦지
않았다. 나를 믿어라."

야이로의 집에 가니 사람들이
다 울고 있었어요. 예수님은
"내가 소녀를 깨우러 간다"라고
하셨어요. 모든 사람들이 그분을
비웃었어요. 그들은 소녀가 죽은
것을 알았으니까요.

　　예수님이 소녀의 방으로 들어가셨어요. 거기 그늘진 구석에 작은 소녀가 꼼짝 않고 누워 있었어요. 예수님은 소녀의 침대에 앉으셔서 소녀의 핏기 없는 손을 잡으셨어요. 그리고 말씀하셨어요. "얘야, 일어날 시간이다." 그분은 죽음 속으로 가만히 손을 뻗으셔서 어린 소녀를 도로 데려오셨어요. 소녀를 다시 살리신 거예요.

　　어린 소녀는 깨어나더니 마치 간밤에 잠을 잘 잤다는 듯이 눈을 비비고는 침대에서 뛰어내렸어요. 예수님이 창을 활짝 열자, 캄캄한 방에 햇빛이 쏟아져 들었어요. "배고프지?" 예수님의 물음에 소녀는 고개를 끄덕였어요. 예수님은 "이 아이에게 아침 식사를 주어라!"라고 말씀하셨어요.

　　이처럼 예수님은 많은 사람을 도와주시고 치료해 주셨어요. 예수님은 슬픈 일들을 걷어 내고 계셨어요. 그분은 하나님의 망가진 세상을 고치고 계셨어요.

기도하는 법

사람들에게 기도를 가르치신 예수님 주기도문·마태복음 6장

당시에는 유난히 거룩 거룩한 사람들이 있었어요. 적어도 자기들
스스로는 그런 줄 알았지요. 그들을 '바리새인'이라고 불렀어요.
날이면 날마다 그들은 길 한복판에 서서 유난히 거룩 거룩한 큰
목소리로 기도하곤 했답니다. 사실 그들은 기도한다기보다는
자랑했던 거예요. 아무도 그들의 말뜻을 알아들을 수 없었거든요.

  지나가는 사람들은 걸음을 멈추고 쳐다보곤 했지요. 무례해 보일 수
있지만, 사실은 바로 그것이 그 유난히 거룩 거룩한 사람들이 바라던
것이었어요. 그들은 모든 사람들한테서 이런 말을 듣고 싶었죠. "저
사람들 좀 봐. 정말 거룩하다. 하나님은 틀림없이 저 사람들을 제일
많이 사랑하실 거야."

  지나가는 사람들은 긴가민가했어요. 하나님의 사랑을 받으려면
정말로 아주 똑똑하거나 착하거나 중요한 사람이 되어야 할지도
모르잖아요. 하나님께 기도하려면 어렵고 똑똑한 말들을 많이 알아야
할지도 모르잖아요. 그러나 우리는 아니라는 것을 알지요.

어느 날 예수님이 사람들에게 기도하는 법을 가르쳐 주셨어요.

"너희는 기도할 때 그 유난히 거룩 거룩한 사람들처럼 기도하지 마라. 그들은 말을 많이 하면 하나님이 들어 주실 줄로 생각하지. 그러나 하나님이 너희의 말을 들어 주시는 것은 너희가 아주 똑똑하거나 착하거나 중요해서가 아니란다. 하나님이 너희를 사랑하시기 때문에 너희의 말을 들어 주시는 것이다."

"하나님이 항상 너희의 말을 듣고 계신다는 것을 아느냐? 너희가 입을 떼기 전부터 하나님은 너희 마음속 깊은 곳의 가장 고요한 속삭임까지도 들으실 수 있단다. 너희가 구하기 전부터 하나님은 너희에게 무엇이 필요한지 정확히 아시기 때문이다."

"보아라, 하나님은 너희에게 필요한 모든 것을 빨리 주시기 원하신다. 그러니 너희는 긴말이나 특별한 말을 쓸 필요가 없다. 특별한 목소리를 낼 필요도 없다. 그냥 말하면 된단다."

"그러니 너희는 기도할 때 평소의 목소리로 기도해라. 가장 사랑하는 사람한테 말할 때처럼 말이다. 이렇게 하면 된다."

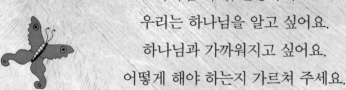

하나님 아빠, 안녕하세요!

우리는 하나님을 알고 싶어요.

하나님과 가까워지고 싶어요.

어떻게 해야 하는지 가르쳐 주세요.

세상 모든 것을 다시 바로잡아 주세요. 우리의 마음도요.

천국에서 하시는 것처럼

땅도 좋게 만들어 주세요.

오늘 우리에게 필요한 모든 것을 주세요.

잘못한 것, 하나님을 속상하게 한 것, 용서해 주세요.

사람들이 우리를 속상하게 할 때

우리가 용서하는 것처럼 우리를 용서해 주세요.

우리를 구해 주세요! 우리는 하나님이 필요해요.

우리는 하나님을 피해서 계속 달아나고 싶지 않아요.

하나님한테서 숨고 싶지 않아요.

우리를 원수들에게서 안전하게 지켜 주세요.

하나님은 강하세요.

원하시는 일은 무엇이든 하실 수 있지요.

모든 것을 다스리세요.

지금부터 영원까지 항상요!

우리는 하나님이 대단하시다고 생각해요! 아멘!

예수님은 이렇게 하나님이 그들을 언제나 사랑하신다는 것을 가르쳐 주셨어요. 절대로 그만두거나 포기하지 않는 사랑, 끊어지지 않고 언제까지나 영원한 사랑으로 말이에요.

그래서 그들은 더는 숨거나 두려워하거나 부끄러워할 필요가 없었어요. 하나님을 피해서 달아나던 것도 그만둘 수 있었어요. 대신 그분께로 달려갈 수 있었으니까요.

어린 아이가 아빠 품으로 달려가는 것처럼 말이에요.

노래하시는 분

산상수훈 마태복음 6, 9장, 누가복음 12장

예수님이 어디로 가시든지 많은 사람들이 함께 따라갔어요. 그들은
예수님 곁에 있기를 좋아했죠. 늙은 사람, 젊은 사람, 병든 사람,
건강한 사람, 행복한 사람, 슬픈 사람들이 예수님을 만나러 왔어요.
그들에겐 걱정거리가 아주 많았거든요.

먹을 것이 부족하면 어떡하나? 옷이 부족하면? 돈이 떨어지거나
모자라면 어쩌나? 그리고 모든 일이 잘못되면? 그래서 우리가
힘들어지면 어쩌나?

그 사람들을 바라보는 예수님의 마음엔 사랑이 가득했어요. 그들은
돌보아 줄 목자가 없는 양떼와 같았어요.

그래서 예수님은 사람들을 모두 앉혀 놓고 말씀을 들려주셨답니다.

사람들은 산 중턱의 풀밭에 조용히 앉아서 들었어요. 그들이 앉아
있는 곳에서 저 아래쪽으로는, 반짝이는 파란 호수가 펼쳐지고 지난
밤 고기잡이를 마치고 돌아오는 작은 고깃배들이 보였어요. 맑고
청명한 봄 기운이 감돌았지요.

예수님이 말씀하셨어요. "저기 저 새들을 보아라."
작은 참새들이 돌이 많은 길가에서 씨앗을 쪼아
먹고 있었어요.
"새들은 먹을 것이 어디서 나더냐? 창고에 잔뜩
쌓아 놓더냐? 찬장에 먹을 것이 가득하더냐?"
모두 웃었어요. 음식 봉지를 들고 가는 새를 본 사람이
있겠어요?
"아니다." 예수님이 말씀하셨어요. "새들은 먹을 것을 걱정할
필요가 없다. 하나님이 새들에게 무엇이 필요한지 아시고 먹여
주시니 말이다."

231

"저 들꽃들은 어떠냐?"

모두 눈을 들어 보니 온 사방에 꽃들이 자라고 있었어요. 아네모네, 데이지, 새하얀 백합.

"저 꽃들의 예쁜 옷은 어디서 나더냐? 자기들이 만들더냐? 아니면 옷을 사려고 날마다 직장에 다니더냐? 옷장에 옷이 가득하더냐?"

이번에도 모두 웃었지요. 옷을 입는 꽃을 본 사람이 있겠어요?

"아니다." 예수님이 말씀하셨어요. "꽃들은 옷을 걱정할 필요가 없다. 하나님이 호화로운 옷으로 멋지게 입혀 주시니 말이다. 왕도 꽃만큼 잘 차려 입지는 못한다!"

그들은 왕을 만나 본 적은 없었지만, 빛나는 호수와
알록달록한 예쁜 꽃들을 보니 마음속 무거운 짐이
벗겨지는 기분이었어요. 그보다 더 아름다운 모습은 상상할 수
없었거든요.

예수님이 말씀하셨어요. "어린 양 떼들아, 너희는 새들보다 더
중요하다! 꽃들보다도 더 중요하지! 새와 꽃들은 이것저것 걱정하지
않는단다. 하나님은 그분의 자녀가 걱정하는 것을 원치 않으시지.
하나님이 새들과 꽃들을 돌보시듯 너희도 기쁘게 돌보아 주신단다."

하나님은 자신이 지으신 세상을 언제나 사랑하고 돌보시는 분이에요. 새, 꽃, 나무, 짐승 할 것 없이 모든 것을, 그리고 무엇보다도 그분의 자녀를 말이에요! 예수님은 그것을 아셨어요!

사람들은 잊어버리고 살았지만, 새들과 꽃들은 아직도 그 노래를 알고 있지요. 그것은 하나님이 지으신 세상의 모든 것들이 맨 처음부터 그분께 불러 드렸던 노래였어요. "하나님께서 우리를 지으셨다. 그분은 우리를 사랑하신다. 그분은 우리를 아주 기뻐하신다." 예수님이 세상에 오신 것은 그 때문이었어요. 그 노래를 온 삶으로 불러 주시려고요. 그래서 하나님의 자녀도 그 노래를 기억해 내서 함께 부를 수 있도록 말이에요.

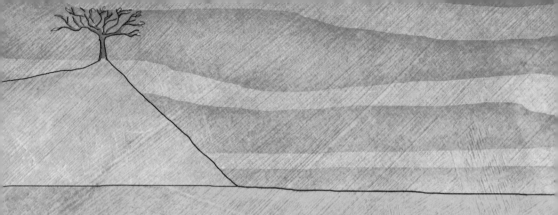

풍랑을 다스리심

호수의 풍랑 마가복음 4장, 마태복음 8장

해가 지고 있었어요. 날이 푹하고 바람 한 점 없었지요.

"호수를 건너가자." 예수님이 친구들에게 말씀하셨어요.

온종일 사람들을 도와주시다 보니 예수님은 고단하셨지요.
예수님과 친구들은 해변에 무리를 남겨 두고 작은 고깃배를 타고
떠났답니다.

배에 오르신 예수님은 곤히 낮잠을 주무셨어요.

아름다운 저녁이었어요. 친구들은 즐겁게 이야기를 주고받으며
호수 한가운데로 나아갔어요. 모든 것이 아주 좋았어요. 조용히 배를
타기엔 그만이었죠.

그렇게 반쯤 건넜을 때였어요. 난데없이
회오리바람이 호수를 휩쓸었어요. 태풍처럼
사납고 거센 바람이었어요! 머리 위에서 번갯불이
번쩍번쩍하고, "우르르 쾅!" 천둥이 쳤어요.
풍랑에 밀려 물결이 하늘 높이 치솟자 고깃배는
자꾸만 위로 떠밀려 올라갔어요. 그러다가는 다시
아래로, 아래로 "쿵" 곤두박질쳤지요!

고깃배는 앞뒤로, 위아래로, 양쪽으로, 빙빙,
마구 떠밀리고 시달리고 흔들리고 들썩거렸어요!

그 폭풍 속에서도 예수님은 주무셨어요.

예수님의 친구들은 평생 어부였고, 이 호수에서 아주 오랫동안 고기를 잡았는데도 이런 풍랑은 본 적이 없었죠. 밧줄과 돛을 가지고 아무리 열심히 노력해도 소용없었어요. 이 풍랑은 그들에겐 너무 컸어요.

그러나 예수님께 이런 풍랑은 큰 문제가 아니었답니다.

"도와주세요!" 친구들은 소리 질렀어요. "예수님, 일어나세요, 어서요!"

예수님이 눈을 뜨셨어요.

"우리를 구해 주세요! 구원해 주세요! 왜 신경도 안 쓰시나요?"

그들은 비명을 질러 댔어요. 물론 예수님은 신경을 쓰셨지요. 그분이

오신 것도 바로 그 때문이니까요. 그들을 구해 주시고 구원하시려고요.

예수님은 일어나서 폭풍을 향해 말씀하셨어요.

"쉿!" 그뿐이었어요.

그러자 정말 신기한 일이 벌어졌어요.

바람과 물결이 예수님의 목소리를 알아들은 거예요. 물론 전에도 그 목소리를 들은 적이 있었지요. 맨 처음에 그들을 만드신 바로 그 목소리였으니까요. 바람과 물결은 예수님의 말씀을 듣고는 그대로 했어요.

　　그러자 즉시 바람이 멎었어요. 물결도 잔잔해졌고요. 마치 아무 일도 없었다는 듯이 물은 달빛 아래 태연히 반짝이며 배 옆을 조용히 찰싹찰싹 때렸어요. 온 사방에 깊은 정적과 고요만이 흘렀답니다.

　　그때 예수님이 바람에 지친 친구들을 보시며 물으셨어요. "왜 두려워하였느냐? 내가 누구인지 잊었단 말이냐? 나를 믿는 대신 두려움을 믿었느냐?"

　　예수님의 친구들은 할 말이 없었어요. 바람과 물결만큼이나 조용했지요. 그들의 마음속에는 또 다른 풍랑이 밀려 왔어요. "이분은 도대체 누구이신가?" 그들은 스스로에게 물었어요. "바람과 파도가 예수님께 순종하다니!" 그들은 이해가 되지 않아서, 그렇게 말했어요. 예수님이 하나님의 아들이심을 아직 몰랐던 거예요.

　　예수님의 친구들은 큰 물결만 보고 너무 무서워했어요. 예수님이 함께 계시면 아무것도 두려울 게 없다는 것을 잊고 있었거든요.

　　그들의 배가 아무리 작아도, 풍랑이 아무리 커도 말이에요.

배부른 저녁식사

오천 명을 먹이심 마태복음 14장, 마가복음 6장, 누가복음 9장

오천 명쯤 되는 사람들이 산허리에 앉아 있었어요. 저녁이 되자
그들은 지쳐 배고파했지요. 아마 툴툴거리는 사람도 있었을 거예요.
　그날, 사람들은 예수님의 말씀을 들으러 왔어요. 아침 식전부터
와서 오전과 오후 내내 그곳에 있다 보니 어느덧 저녁 먹을 시간이 훌쩍
지났지요. 아무도 그렇게 오랫동안 나와 있을 생각은 아니었어요.
예수님의 말씀을 듣다 보면 그렇게 되곤 했답니다. 마치 시간이
존재하지 않는 것처럼 말이에요. 사람들은 예수님의 말씀을 듣다 보니
시간 가는 줄 몰랐는데, 바로
그날도 그랬던 거죠.

그렇지만 그들은 먹을 것을 충분히 가져오지 않았어요. 그렇다고
직접 가서 햄버거와 감자튀김을 사올 수도 없었어요. 게다가 그곳은
가게나 식당이 없는 외딴곳이었으니까요. 그때는 아직 패스트푸드가
생겨나기 전이었고요. 어떻게 해야 할까요?

예수님의 친구들은 좋은 수를
생각해 냈어요. "모두 집으로
보내서 저녁을 먹게 합시다."

그러나 예수님은 고개를 저으셨어요. "갈 필요 없다. 너희가 그들에게 먹을 것을 주면 된다." 예수님의 친구들은 당황했어요. "하지만 우리는 돈이 별로 없습니다!" "너희에게 있는 음식이 무엇이냐?" 예수님이 물으셨어요. "가서 알아보아라."

마침 무리 중에 한 어린 소년이 있었어요. 소년은 그날 아침에 엄마가 싸준 빵 다섯 개와 물고기 두 마리가 담긴 작은 도시락을 가져왔답니다. 오천 명이 먹기에는 턱없이 부족했지만 소년에겐 그게 전부였어요. 소년이 말했지요. "저한테 도시락이 있어요."

예수님의 친구들은 소년의 작은 도시락을 보고 웃었어요. "그걸론 어림도 없다!" 그들은 말했지요.

하지만 그들은 틀렸어요. 어린 소년의 가진 것이 얼마나 많은지는 그리 중요하지 않았어요. 예수님은 아셨어요. 처음에 아무것도 없는 데서 모든 것을 만드신 하나님은 그 도시락을 가지고도 넉넉히 남게 하실 수 있다는 사실을 말이에요.

예수님이 말씀하셨어요. "너에게 있는 것을 내게 가져오너라."

그래서 어린 소년은 자기의 점심을 예수님께 드렸어요.

'도대체 고작 저걸로 어떻게 이 많은 사람을 먹이시겠다는 거지?' 예수님의 친구들은 불가능한 일이라고 생각했지요.

예수님은 어린 소년의 점심을 손에 들고, 하늘을 올려다보시며 하나님께 감사드리셨어요. 그러고는 그 적은 점심을 친구들에게 나눠 주셨죠.

예수님의 친구들이 음식을 나누어 주는데, 글쎄! 정말 신기한 일이
일어났어요. 아무리 많이 떼어 주어도 음식이 계속 남아 있는 거예요.
자꾸만 더 생겨나는 거예요. 오천 명이 먹기에 충분할 만큼 말이에요!
모든 사람들이 두 번, 세 번, 네 번씩 실컷
먹었어요. 그래서 다 배불러졌지요.
그러고도 음식이 남았어요.

예수님은 이런 기적들을 많이 베푸셨어요. 사람들 생각에 있을 수 없는 일, 자연스럽지 않은 일들이었지요.

하지만 그거야말로 온 세상에서 가장 자연스러운 일이었답니다. 하나님이 처음부터 하신 일이 바로 그런 거잖아요. 그분은 아무것도 없는 데서 모든 것을 지으셨지요. 텅 빈 공간을 가득 채우셨고요. 또 어둠을 가지고 빛을 만드셨잖아요.

보물찾기

숨은 보물 이야기 마태복음 13장

하루는 예수님이 사람들에게 하나님의 나라에 대해서 말씀하고 계셨어요. "하나님이 왕이신 곳은 어디나 하나님의 나라다. 하나님이 주관하시는 곳이면 어디나 그렇지. 하나님이 너희의 마음을 영원한 행복으로 가득 채워 주시는 곳, 너희가 그분을 피하여 달아나기를 그치고 그분을 사랑하는 곳, 거기가 하나님의 나라란다."

하지만 사람들은 예수님의 말씀을 잘 알아듣지 못할 때가 있었어요. 그래서 예수님은 그들을 도와주시려고 '비유'로 이야기를 들려 주셨답니다.

예수님이 말씀하셨어요. "하나님의 나라는 숨은 보물과 같다!" 그러고는 이어서 이런 이야기를 들려주셨어요.

250

옛날에 어떤 사람이 밭에서 일하며 땅을 파고 있었단다. 땅을 파면서도 그는 그 밭에 보물이 숨겨져 있다는 것을 모르고 있었지. "영차영차" 그는 삽질을 계속했다. "팅팅" 삽에 뭔가 딱딱한 것이 부딪쳤어. '어, 이게 무엇일까?'

그가 꺼내서 흙을 털어 보니 그것은 궤짝이었어. 녹이 슬고 자물쇠가 채워져 있었지. 그가 힘을 주어 비트니까 끽 소리가 나면서 열렸어.

그는 안에 있는 것을 보자 숨이 막힐 지경이었단다. 눈이 부시도록

반짝반짝 빛나는 아름답고 값진 보석들이 들어 있었거든. 보물
상자였던 거야! 그는 그 보물을 갖고 싶었다. 그 보물을 얻어야만 했지.
어떻게든 꼭 가져야만 했어. 그 값으로 자기의 전 재산을 다 팔아야
한다고 해도 말이다.

　그는 얼른 보물을 다시 땅에 묻고 집으로 달려가서 자기의 전 재산을
팔았어. 그리고 그 돈으로 그 땅을 샀지. 이제 그 땅은 그의 것이
되었다. 그 속에 묻힌 보물도! 그는 다시 달려가서 보물을 도로 파냈어.

예수님은 그들에게 말씀하셨어요. "하나님께 돌아오는 것도 보물을 찾는 것만큼이나 놀라운 일이다! 그것을 찾으려면 너희는 땅을 파듯이 파야 할지도 모른다. 그것을 보려면 잘 살펴야 할지도 몰라. 그것을 얻으려면 아예 너희의 모든 것을 버려야 할지도 모르지. 하지만, 하나님 계시는 곳에 너희도 있는 것이 온 세상의 다른 무엇보다도 더 중요해. 그것은 너희의 모든 것을 버리고라도 얻을 가치가 있다! 하나님이 진짜 보물이시기 때문이다."

물론 하나님께도 보물이 있답니다. 아주 오래 전에 잃어버린 보물이지요. 하나님의 보물, 그분께 가장 중요한 것, 세상에서 하나님이 가장 사랑하시는 것, 그것은 무엇일까요?

하나님의 보물은 바로 그분의 자녀예요. 그래서 예수님이 세상에 오신 거예요. 하나님의 보물을 찾으시려고요. 값을 치르고 그것을 도로 사시려고요. 예수님은 그 일을 하실 거예요. 그분의 모든 것을 다 버려야 할지라도 말이지요.

어린아이들의 친구

예수님과 아이들 마태복음 18~19장, 마가복음 10장, 누가복음 18장

예수님의 친구들이 말다툼하고 있었어요. 하나님의 나라에서 가장 중요한 사람은 누구일까? 그들은 알고 싶었어요.

"나지!" 야고보가 말했어요.

"아니야, 네가 아니라 나야!" 베드로가 말했어요.

"어림없는 소리. 내가 제일 똑똑하단 말이야!" 마태가 말했어요.

"아니야."

"맞아."

"맞아!" "아니야!" "맞아!"

이런 바보 같은 놀음이 한동안 계속되었죠. 예수님의 친구들은 자기가 뭔가를 해야만 예수님께 특별한 존재가 된다고 생각했던 거예요. 자기가 제일 똑똑하거나 제일 친절하거나 뭐 그래야 예수님이 자기를 제일 좋아하실 거라고 말이에요.

하지만 그들이 잊어버린 것이 있었어요. 하나님이 옛날부터 늘 그분의 사람들에게 가르쳐 주셨던 것이죠. 우리가 아무리 똑똑하거나 아무리 착하거나 아무리 부자이거나 아무리 친절하거나 아무리 중요한 사람이라 해도, 그런 것 때문에 달라지는 것은 하나도 없어요. 하나님의 사랑은 선물이니까요. 그리고 누구나 알듯이, 선물이란 원래 거저 받는 거잖아요. 우리는 그냥 손을 내밀어 받기만 하면 되지요.

예수님의 친구들이 그렇게 다투는 동안, 선물 받는 것에 대해서 아주 잘 아는 사람들이 예수님께 왔어요. 사실 선물의 전문가들이라고 해도 될 거예요. 누구였을까요? 바로 어린아이들이었답니다.

예수님의 친구들은 그들을 쫓아내려고 했어요. "예수님은 너희를
만나실 시간이 없어! 그분은 너무 피곤하시단 말이다."

하지만 틀렸어요. 예수님은 언제든 아이들을 만나 주실 수
있었어요.

"아이들을 절대로 쫓아내지 마라. 어린아이들을 나에게 데려와라."
예수님이 말씀하셨어요.

만약 우리가 그 자리에 있었다면 어땠을까요? 예수님을 만나려고
조용히 줄을 서서 기다려야 했을까요? 예수님은 우리가 얼마나 착한
일을 했는지 그것부터 물어보신 후에 안아 주셨을까요? 우리의
행실을 고쳐야 했을까요? 옷도 잘 차려 입어야 했을까요? 말을
시키기 전에는 입을 꼭 다물고 있어야 했을까요?

아니면… 우리도 그 아이들과 똑같이 했을까요? 우리도 곧장 예수님께 달려갔을까요? 그래서 그분이 우리를 번쩍 들어 올려 품에 안고, 한 바퀴 빙 돌고, 입맞추고, 꼭 안아 주신 다음, 무릎에 앉히셨을까요? 우리의 이야기와 잡담을 들어 주시려고 말이에요.

아이들은 예수님을 사랑했어요. 그리고 자기들이 굳이 무슨 특별한 일을 하지 않아도 예수님이 자기들을 사랑해 주신다는 것을 알았어요. 아이들은 그저 그분의 품속으로 달려가기만 하면 되지요. 그래서 그날도 바로 그렇게 했던 거예요.

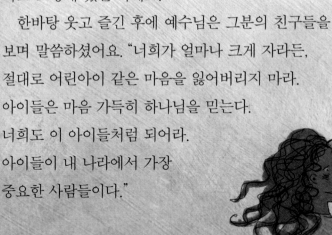

한바탕 웃고 즐긴 후에 예수님은 그분의 친구들을 보며 말씀하셨어요. "너희가 얼마나 크게 자라든, 절대로 어린아이 같은 마음을 잃어버리지 마라. 아이들은 마음 가득히 하나님을 믿는다. 너희도 이 아이들처럼 되어라. 아이들이 내 나라에서 가장 중요한 사람들이다."

친구가 하나도 없었던 사람

삭개오 이야기 누가복음 19장

어떤 사람이 있었는데, 그에겐 친구가 한 명도 없었어요. 여러분에겐
친구가 있지요? 물론 있을 거예요. 하지만 삭개오는 아니었어요.
가엾은 삭개오에겐 친구가 하나도 없었답니다.

　왜 그랬는지 궁금할 거예요. 키가 아주 작아서 그랬을까요? (이건
사람을 좋아하지 않을 이유는 아니지요.) 이름이 발음하기 어려워서
그랬을까요? (이것도 이유는 못 되고요.) 비록 삭개오는 키도 작고
이름도 웃겼지만, 사람들이 삭개오를 좋아하지 않은 것은 그가
사람들의 돈을 훔쳤기 때문이었답니다.

　삭개오는 세금을 거두는 사람이었어요. 세금이란 사람들이 왕한테
바쳐야 했던 돈이예요. 그런데 삭개오는 원래 거두어야 하는 것보다
더 많이 받아서, 그 남은 돈을 자기가 가졌어요. 그래서 부자가
되었지요. 사람들은 그런 삭개오의 속셈을 다 알아서 기분이 나쁘고
못마땅했던 거예요. 그들은 삭개오를 눈곱만큼도 좋아하지 않았어요.

사람들은 그런 맘을 삭개오한테 확실히
보여 주었어요. 먼저 그들은 삭개오를
피했어요. 길을 갈 때면 반대쪽으로
지나갔고요, 본 척도 하지 않았죠.
"저기 오는군! 사실은
형편없으면서 자기가 대단한 줄
안다니까!" 하고 수군거리기도
했지요. 사람들은 일부러
그의 귀에 들릴 만한 소리로
말했어요.

하루는 길가에 사람들이 아주 많이 모였어요. 예수님이 그 고을로 오실 참이었는데, 모두 그분을 보려고 했던 거예요. 삭개오도 예수님을 보고 싶었죠. 하지만 사람들의 키가 다들 너무 컸어요. 그는 위아래로 폴짝폴짝 뛰어 보았지만 소용없었어요. 하나도 보이지 않았지요.

다행히 좋은 수가 생각났어요. "저 돌무화과나무에 올라가야지!"
삭개오는 나무 위로 올라갔어요. 키가 작은 사람치고는 놀랄 만큼
나무를 잘 탔거든요.

나무 위에서 보니 저 밑의 길이 길이 한눈에 훤히 다 보였어요.
조금 있으니 예수님이 나무 아래에 이르셨어요. 그분은
걸음을 멈추시고 위를 올려다보셨어요. 삭개오는 예수님을
바라보았지요. 예수님도 삭개오를 보셨어요.

예수님이 말씀하셨어요.

"삭개오야, 너희 집에 가고 싶구나."

삭개오는 하마터면 나무에서 떨어질 뻔했어요! '집에
오신다고요?' 여태까지 집 앉은 고자하고 근처에도 오려는
사람이 없었거든요.

사람들은 그것을 보았어요. 말할 것도 없이 그들은 웅얼웅얼, 중얼중얼 투덜거렸어요. "예수님이 저 큰 죄인한테 왜 잘해 주시는 거지? 그가 어떤 사람인지 모르신단 말인가?"

삭개오는 나무에서 내려와 예수님을 자기 집으로 모시고 갔어요. 어쩌면 삭개오는 자기가 남의 것을 훔치며 살았다는 것과 그에게 친구가 하나도 없다는 것을 예수님이 모르시길 바랐어요.

그러나 예수님은 삭개오를 훤히 다 아셨어요. 그의 도적질과 그 밖의 모든 것까지도 말이에요. 그런데도 그분은 그를 사랑하셨어요.

삭개오는 부끄러웠어요. 그는 얼굴이 하얘져서 말했어요. "주님, 그동안 제가 잘못했습니다. 하지만, 이제부터는 바르게 살고 싶어요. 모든 사람들에게 돈을 돌려주겠습니다. 제가 훔친 것을 네 배로 돌려주겠어요!" 그리고 그는 정말로 그렇게 했답니다.

예수님은 싱긋 웃으시며 말씀하셨어요. "내 친구야! 오늘 하나님이 너를 구해 주셨다!"

아무도 삭개오를 사랑하지 않을 때, 예수님은 그를 사랑하셨어요. 아무도 그를 친구로 원하지 않을 때에도 예수님은 그의 친구이셨어요. 예수님은 하나님의 사랑이 어떤 사랑인지 사람들에게 보여 주셨던 거예요. 절대로 그만두거나 포기하지 않는 사랑, 끊어지지 않고 언제까지나 영원한 그 놀라운 사랑 말이에요.

가출

잃어버린 아들 이야기 누가복음 15장

예수님은 어느 가출 소년의 이야기를 들려주셨습니다.

옛날에 한 소년과 그의 아버지가 있었답니다. 하루는 소년이 이렇게 생각했어요. '아빠는 항상 나더러 이게 좋다, 저게 좋다 참견하셔. 아빠가 옆에 없으면 난 더 행복해질지도 몰라. 아빠 때문에 재미가 없거든. 우리 아빠는 정말 내가 행복해지기를 원하실까? 정말 나를 사랑하시는 걸까?'

그래서 아들은 아버지에게 가서 말했어요. "아빠, 나는 아빠가 없으면 더 잘 살 것 같아요. 혼자서 알아서 할 수 있으니까요. 그냥 아빠 돈 중에서 제 몫을 주세요."

아버지는 슬펐지만 아들이 달라는 것을 주었습니다.

아들은 그 돈을 가지고 길을 떠나서 아주 먼 나라로 갔어요.

모든 것이 신나고 더없이 좋았죠. 한동안은 그랬지요. 어디든 원하는 대로 다니고 무엇이나 원하는 대로 할 수 있었으니까요. 그는 대장이었어요. 자유를 얻은 거예요!

가끔 집 생각이 날 때는 이상하게도 마음이 허전했지만, 그럴 때면 그냥 더 먹거나 더 마시거나 옷을 더 사거나 파티에 더 다녔어요.

그러다 보면 기분이 좋아졌지요.

그런데 돈은 곧 떨어졌어요.
친구들도 다 떠났고요. 결국,
그가 구할 수 있는 일이라고는
돼지를 치는 것뿐이었어요.
　　하루는 어찌나 배가
　고프던지 돼지 밥을 보고
　군침을 삼켰지요.
"내가 지금 뭘 하고 있지?"
　마치 악몽에서 깨어난 듯이
그의 입에서 불쑥 그런 말이
나왔어요. 그는 입에 있던 돼지
밥을 뱉었어요.
"왝! 퉤퉤!" 몽땅 뱉어
냈어요.
"우리 아빠는 부자인데 나는
돼지우리에서 돼지 밥이나
먹고 있구나!"
　그는 입을 닦고 옷을 툴툴
털었어요.
"집으로 가자!"

하지만 발길을 돌리자마자 걱정이 몰려 왔지요.
"아빠는 더는 나를 사랑하지 않을 거야. 내가
너무 나빴어. 아빠는 더 이상 나를 아들로 보지
않을 거야." 그래서 그는 잘못했다는 말을 속으로
연습했어요. 그는 몰랐거든요. 날이면 날마다
아버지가 문 앞에 나와 눈을 크게 뜨고 멀리
내다보면서 아들이 집에 오기만 기다리고 있었던
것을요. 아버지는 아들을 향한 사랑을 거둘 수가
없었어요. 아들의 목소리가 얼마나 듣고 싶었는지
몰라요. 아들이 돌아올 때까지는 행복할 수
없었어요.

그 아들이 저만치서 오고 있는 것을 아버지가
먼저 보았어요.

아버지는 어떻게 했을까요? 팔짱을 끼고서
인상을 썼을까요? "이제야 정신을 차렸겠군!"
"아주 꼴 좋다!" 하고 버럭 소리를 질렀을까요?

아니, 그렇지 않았어요.

문 앞에 서 있던 아버지는 언덕을 뛰어
내려갔어요. 아들이 잘못했다는 말을 꺼내기도
전에 아들에게 달려가서 와락 끌어안고는
쉬지 않고 입을 맞추었지요.

"잔치를 열자!" 아버지가 큰 소리로 말했어요. "내 아들이 집에 왔다. 가출했던 아들, 잃어버렸던 아들이 드디어 돌아왔다!"

예수님은 사람들에게 말씀하셨어요. "하나님은 자기 아들을 향한 사랑을 거둘 수 없었던 이 아빠와 같단다. 그리고 사람들은 '우리 아빠는 정말 내가 행복해지기를 원하실까?'라고 의심했던 그 아들과 같지."

예수님이 사람들에게 이 이야기를 해 주신 것은 하나님이 어떤 분이신지, 그리고 사람들 자신이 어떤 상태에 있는지를 알려 주시기 위해서였어요.

사람들이 아무리 멀리 달아나든, 아무리 꼭꼭 숨든, 아무리 눈앞에서 사라졌다고 해도 그런 건 전혀 중요하지 않다는 것을 알 수 있도록 말이에요. 왜냐하면, 하나님은 그분의 자녀를 절대로 포기하지 않으시니까요.

눈물로 씻은 여자

***예수님께 기름을 부은 죄인 여자* 마가복음 14장, 누가복음 7장, 요한복음 12장**

하룻밤은 예수님이 어떤 중요한 지도자의 집에 저녁 식사를 하러 가셨어요. 그 지도자는 자신의 친구들을 초대했지요. 그들이 다 같이 앉아서 먹고 있는데, 어떤 여자가 들어왔어요. 초대받지 않은 여자였지만, 누구인지 모든 사람들이 다 알고 있었답니다. 손님들은 수군거렸어요. "여기가 어디라고 감히?" 여자는 큰 죄인이었고 모든 사람들이 그것을 알았어요. 그 여자는 규칙을 어기고 나쁜 일을 한 사람이라 금방 눈에 띄었거든요.

여자는 곧장 예수님에게 다가갔어요. 여자는 아주 비싼 향수를 들고 있었어요.

그때만 해도 향수는 유리병이 아니라 작은 오지병에 들어 있었어요. 오지병은 그 시대에 아주 귀한 도자기로 만들었지요.

그런데 뚜껑이나 마개가 없다는 게 문제였어요. 그래서 향수를 부으려면 병을 깨뜨리는 수밖에 없었죠.

한번 깨면 그 병은 다시는 쓸 수 없었어요. 향수는 아주 귀한 것이라서 웬만한 사람들은 향수를 쓰지 않았어요. 그냥 선반에 올려 두고 쳐다보기만 했지요. 그러니까 이 여자한테도 그 향수는 세상에서 가장 귀한 것이었죠. 보물이었던 거예요.

여자는 왕에게 하듯이 예수님 앞에
무릎을 꿇었어요. 그러더니 예수님의
발을 붙들고 울음을 터뜨렸어요.
여자의 눈물이 예수님의 발에 떨어져
발을 씻었지요. 여자는 그 발에 입을
맞추며 자신의 긴 검은 머리카락으로
닦았어요. 그런 후 이상한 일을 했어요.
오지병을 깨뜨려서 그분의 발에 향수를
듬뿍 부은 거예요.

모두 숨을 죽였어요. 이게 무슨
낭비인가요? 그렇게 비싼 향수를
사람의 발에 붓다니요! 향수에서는
여름 들녘의 백합화 향기가 났어요.

예수님은 여자를 보시며 밝게
웃으셨어요. 여자가 한 일은 깜짝
놀랄 일이었지요. 먼 옛날에 사무엘이
다윗에게 기름을 부은 것처럼, 이
여자는 예수님께 기름을 부었던
거예요. 기름이 아니라 자신의 눈물로
말이에요.

규칙을 가르치는 사람들은 예수님이 이 여자에게 잘해
주셔선 안 된다고 생각했어요. "저 여자는 죄인이다!
그리고 우리는 착한 사람들이지."
그들은 그렇게 투덜거렸지요.
그래요. 그들은 착해 보였어요.
겉으로는 말이에요. 어쨌든
모든 규칙을 지켰으니까요.
　하지만 예수님은 사람들의
속을 보셨어요. 하나님과 다른
사람들을 사랑하지 않는 그들의
마음을 읽으셨죠. 그들은
하나님을 피해서 달아나고
있었고, 자기들에게 구원자가
필요 없다고 생각했어요.
규칙을 지키니까 자기들이
아주 착한 줄로 알았던 거예요.
하지만 죄 때문에 그들의
마음은 이미 제구실을 하지 못했지요.
그들의 마음은 딱딱하고 차가웠어요.
　예수님이 말씀하셨어요. "이 여자는 자기가 죄인임을 안다. 스스로
충분하다고 생각할 만큼 착해질 수 없다는 것도 안다. 이 여자는 내가

자기를 구해 주어야 한다는 것을 안다. 그래서 나를 이토록 사랑하는 것이다. 너희는 하나님을 우러러보지 않기 때문에 이 여자를 얕보는 거야. 이 여자는 겉으로 죄인이지만 너희는 속으로 죄인이다."

규칙을 가르치는 사람들은 분노로 치를 떨었어요.

예수님은 여자를 보시며 밝게 웃으셨어요. "네 죄가 용서되었다. 너는 나를 믿었지. 그래서 하나님이 너를 구해 주셨단다!"

"오직 하나님만이 죄를 용서하실 수 있거늘 자기가 누구라고 저러는가?" 사람들이 수군거렸어요.

그들은 예수님이 하나님의 아들이라는 것을 믿지 않았거든요. 사람들이 자기들을 따르지 않고 예수님을 따르는 것이 두려웠고요. 그래서 질투했어요. 화가 났어요. 예수님을 죽일 만큼 말이에요.

섬기는 왕

마지막 저녁 식사 마가복음 14장, 요한복음 13~14장

유월절이 되었어요. 그날은 예전에 이집트에서 노예로 살던 백성을 하나님이 구해 주셨던 일을 기억하는 날이에요. 해마다 그들은 어린 양을 잡아서 먹었어요. 그리고 "어린 양이 우리 대신 죽었다!"라고 말하곤 했지요.

그런데 이번 유월절에는 하나님이 그보다 더 큰 구원을 준비하셨답니다.

예수님과 친구들은 어느 이층 방에서 함께 유월절 식사를 하고 있었어요. 그런데 예수님의 친구들이 말다툼을 벌였어요. 무엇 때문이었을까요? 냄새 나는 발 때문이었어요. 뭐, 냄새 나는 발이라고요? 그래요, 맞아요. 냄새 나는 발 때문이었어요.

그때만 해도 사람들은 발에 구두를 신지 않고 샌들만 신었어요.
샌들이야 특별한 게 없지만, 문제는 그 당시의 길이 더러웠다는
거예요. 그냥 먼지가 나서 더러웠다는 뜻이 아니에요. 정말로 냄새가
나게 더러웠다는 뜻이에요. 어디를 가나 소와 말이 즐비했으니 길을
걸을 때 사람들의 발에 무엇이 묻었을지 상상이 되지요!

어쨌든 그 더러운 것을 씻어 줄 사람이 필요했어요.
하지만 도대체 누가 그런
역겨운 일을 나서서 하겠어요?
종들 중에서도 가장 낮은
종만이 그런 일을 했답니다.

"나는 종이 아니야!" 베드로가 말했어요.

"나도!" 마태가 말했어요.

이때 예수님이 조용히 상에서 일어나 겉옷을 벗으시고 물이 든 대야를 들고 오셔서 무릎을 꿇으시더니 친구들의 발을 씻어 주시기 시작했어요.

"안 됩니다." 베드로가 말했어요. 예수님이 섬기는 왕이심을 베드로는 몰랐던 거예요.

"베드로야, 내가 너의 더러운 것을 씻어 주지 않으면, 너는 나랑 친할 수 없다." 예수님이 말씀하셨어요.

예수님은, 사람들에게 가장 필요한 것은 속이 깨끗해지는 것임을 아셨어요. 발에 묻은 더러운 것은 마음속의 죄에 비하면 아무것도 아닌 거예요.

베드로가 눈물을 글썽이며 말했어요. "주님, 그럼 저를 씻어 주세요. 제 온몸을요!"

예수님은 차례로 모든 친구들의 발을 씻어 주셨답니다.

"내가 이렇게 하는 것은 너희를 사랑하기 때문이다. 너희도 서로 이렇게 해 주어라." 예수님이 설명하셨어요.

그런데 예수님의 친구들
중의 하나가 나쁜 계획을
세워 두었답니다. 그 나쁜
계획이 무엇인지 아무도
몰랐어요. 그러나 예수님은
아셨지요. 유다도 알았고요.
유다는 예수님을 체포하도록
지도자들을 도와줄 작정이
었어요. 은전 서른 냥을 받고서
말이에요.

"가 봐라, 유다야."
예수님이 말씀하셨어요. 유다는
식사 중에 일어나 방에서
나왔어요. 밖은 온통 캄캄한
한밤중이었죠.

그런 뒤에 예수님은 빵을 들고 떼셨어요. 그리고 그것을 친구들에게
주셨지요. 그분은 또 포도주 한 잔을 드시고 하나님께 감사를
올리셨어요. 그리고 그것을 부어서 나누어 주셨어요.

　　예수님이 그들에게 말씀하셨어요. "내 몸은 이 빵과 같다. 내 몸도
찢어질 것이다. 이 잔의 포도주는 내 피와 같다. 내 피도 부어질
것이다. 그렇지만 하나님은 이렇게 해서 온 세상을 구하실 거야. 내
목숨이 끊어져서 하나님의 망가진 세상이 고침을 받을 것이다. 내
마음이 찢어져서 너희의 마음이 낫게 될 것이다. 유월절 어린 양이
죽은 것처럼 이제 나도 너희 대신 죽을 것이다. 내 피가 너희의 모든
죄를 씻어 줄 거야. 그래서 너희 속의 몸과 마음이 깨끗해질 것이다."

　　"그러므로 너희는 먹고 마실 때마다 내가 너희를 구해 준 것을
기억해라!"

　　예수님은 자신이 세상을 떠나 하나님께로 돌아가실 때가 거의 다 된
것을 아셨어요.

　　"내가 너희와 함께 있을 시간이 얼마 남지 않았다. 너희는 아주
슬퍼질 거야. 하지만 하나님을 돕는 분이 오실 것이다. 그러면 떠날
줄 모르는 영원한 행복이 너희에게 가득할 거란다. 그러니 두려워하지
말거라. 너희는 나의 친구들이며, 나는 너희를 사랑한다."

　　이어서 예수님과 친구들은 즐겨 부르던 노래를 불렀어요. 그리고
즐겨 찾던 곳으로 갔지요. 올리브 동산이었어요.

동산의 어두운 밤

겟세마네 동산 누가복음 22장, 마가복음 14장, 요한복음 18장

바람이 불어 구름이 달을 가리자 동산에 어둠이 깔렸지요.

"나와 함께 깨어 있을 거지?" 예수님이 친구들에게 물으셨어요.

"네, 깨어 있겠어요." 하지만 그들은 피곤해서 금세 곯아떨어졌어요.

예수님은 혼자 저만치 어둠 속으로 가셨지요. 예수님은 하늘 아버지와 하실 말씀이 있었어요. 그분은 자신이 죽어야 할 때가 된 것을 아셨던 거예요. 예수님의 죽음은 그분과 아버지께서 오래 전에 함께 계획하셨던 일이었지요. 예수님은 지금까지 사람들이 저질렀거나 앞으로 저지르게 될 모든 잘못에 대한 벌을 받으실 것이었어요.

"아빠! 아버지!" 예수님이 부르셨어요. 그리고 땅에 엎드리셨어요. "다른 길은 없습니까? 아버지의 자녀를 다시 찾으실 길, 그들의 마음을 낫게 해 주실 길, 독을 없애 주실 길이 이것 말고는 없습니까?"

하지만 예수님은 아셨어요. 다른 길은 없다는 것을요. 죄의 모든 독이 그분 자신의 마음속으로 들어가야만 했어요.

하나님은 사람들의 마음속 모든 슬픔과 망가진 것을 예수님의 마음속에 부으실 것이었어요. 하나님은 사람들의 몸에 있는 모든 병을 예수님의 몸속에 부으실 것이었어요. 하나님은 지금까지의 모든 잘못된 일의 책임을 예수님에게 물으실 거예요. 그래서 예수님이 죽으시는 것이지요.

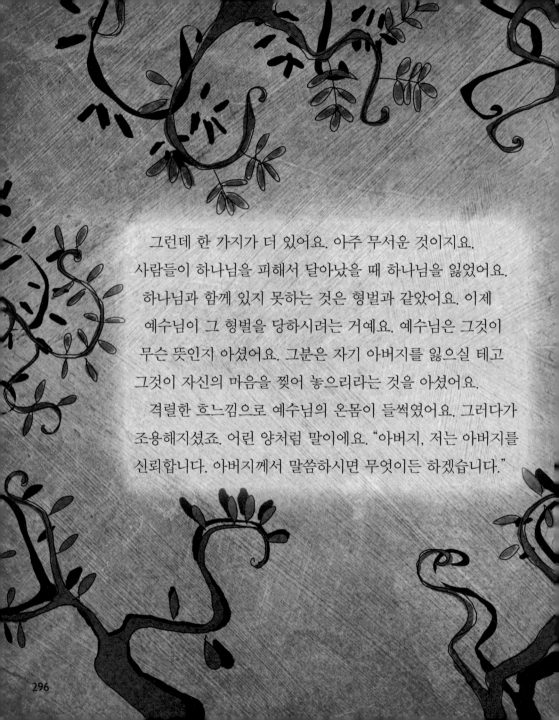

그런데 한 가지가 더 있어요. 아주 무서운 것이지요. 사람들이 하나님을 피해서 달아났을 때 하나님을 잃었어요. 하나님과 함께 있지 못하는 것은 형벌과 같았어요. 이제 예수님이 그 형벌을 당하시려는 거예요. 예수님은 그것이 무슨 뜻인지 아셨어요. 그분은 자기 아버지를 잃으실 테고 그것이 자신의 마음을 찢어 놓으리라는 것을 아셨어요.

격렬한 흐느낌으로 예수님의 온몸이 들썩였어요. 그러다가 조용해지셨죠. 어린 양처럼 말이에요. "아버지, 저는 아버지를 신뢰합니다. 아버지께서 말씀하시면 무엇이든 하겠습니다."

갑자기, 반짝이는 별빛이 쇠에 비쳐 나무들 사이로 번쩍였어요. 고요한 동산 안으로 사람들의 속삭임 소리, 숨죽인 목소리, 쨍그랑거리는 쇳소리가 들려왔어요. 군화들의 행진 소리도 들렸고요.

예수님은 일어나셨답니다.

그분은 친구들을 깨우시며 가만히 말씀하셨어요. "때가 되었다. 긴긴 세월 동안 하나님의 사람들에게 나에 대해 말씀하셨던 그것이 지금 이루어지고 있다."

으슥한 밤에 햇불과 호롱, 칼과 몽둥이를 든 갑옷 차림의 사람들이 왔어요. 한 부대의 군사들이었지요. 그들이 예수님을 체포할 수 있도록 유다가 앞장서서 곧장 예수님에게 다가왔어요.

예수님은 그들을 기다리고 계셨어요.

　베드로가 달려들어 칼을 뽑아서는 예수님을 지키려고 했어요. 그는 한 호위병의 귀를 베었죠. 예수님은 즉시 호위병에게 손을 대어 귀를 낫게 해 주셨답니다.

　그리고 말씀하셨어요. "베드로야, 이러면 안 된다."

　베드로는 몰랐지만, 어마어마하게 큰 어떤 군대라도 예수님을 체포할 수는 없답니다. 예수님이 그들에게 허락하시지 않는 한 말이에요.

　오직 사람들을 사랑하셨을 뿐인 예수님이 마치 범죄자처럼 체포되셨어요.

　예수님의 친구들은 무서웠어요. 그래서 그들은 달아나서 캄캄한 그늘 속에 숨었답니다.

호위병들은 예수님을 이끌고 지도자들 앞으로 갔어요.

지도자들이 예수님을 재판에 부쳤어요. "네가 하나님의 아들이냐?"
그들이 물었어요. "그렇다." 예수님이 말씀하셨어요.

"네가 누구라고 감히 하나님을 자칭하느냐? 스스로 하나님의
아들이라고 했으니 너는 죽어야 한다!"

죄수를 죽일 권한은 로마인들에게만 있었어요. 그래서 지도자들은
계획을 짰지요. "우리가 로마인들한테 '이 사람이 우리의 왕이 되려고
합니다!'라고 말하자. 그러면 그들이 그를 십자가에 못 박을 것이다."

하지만 그래도 괜찮아요. 그것은 하나님의 계획이었으니까요.
예수님이 말씀하셨어요. "바로 이것을 위해서 내가 세상에 왔단다."

빛을 잃은 해

십자가에 달리심 마태복음 27장, 마가복음 15장, 누가복음 23장, 요한복음 19장

"그래서 네가 왕이라고?" 로마 병사들은 조롱했어요. "그럼 너한테 왕관과 옷이 필요하겠구나."

그들은 예수님께 가시나무로 만든 관을 씌웠어요. 자주색 옷도 입혔어요. 그러고는 절하는 시늉을 하면서 말했어요. "폐하!"

그런 뒤 그들은 예수님을 채찍으로 때렸어요. 그분께 침도 뱉었어요. 그들은 예수님이 생명의 주요 하늘과 땅의 왕이시며 자기들을 구하러 오셨다는 것을 몰랐던 거예요.

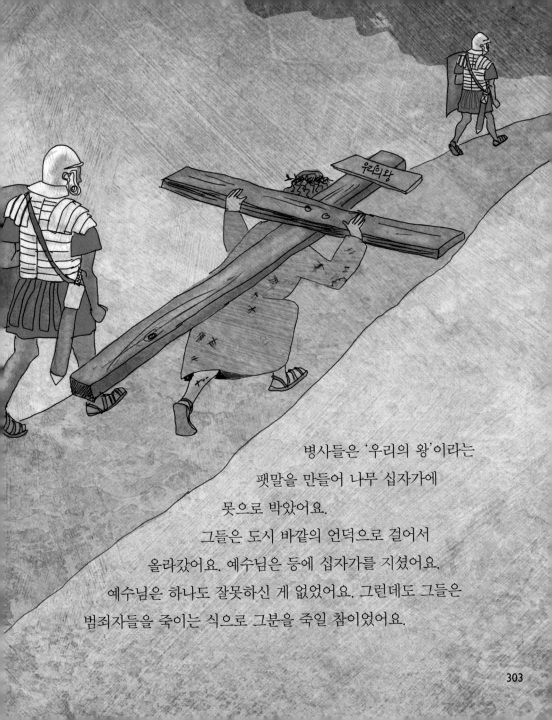

병사들은 '우리의 왕'이라는
팻말을 만들어 나무 십자가에
못으로 박았어요.
그들은 도시 바깥의 언덕으로 걸어서
올라갔어요. 예수님은 등에 십자가를 지셨어요.
예수님은 하나도 잘못하신 게 없었어요. 그런데도 그들은
범죄자들을 죽이는 식으로 그분을 죽일 참이었어요.

그들은 예수님을 십자가에 못 박았습니다.

"아버지, 이들을 용서해 주세요. 자기들이 무슨 일을 하고 있는지 모릅니다." 예수님께서 숨을 헐떡이며 말씀하셨어요.

사람들이 소리쳤어요. "네가 우리를 구하러 왔다고 했지! 그런데 너 자신조차 구하지 못하는구나!"

아니에요. 예수님은 자신을 구하실 수도 있었어요. 천사들이 한 부대나 날아올 수도 있었어요. 그분이 부르시기만 하면 말이에요.

사람들은 말했어요. "네가 정말 하나님의 아들이라면 십자가에서 내려와 봐라!" 맞아요. 예수님은 얼마든지 내려오실 수도 있었어요. 사실 그분이 한마디만 하시면 모든 일이 거기서 끝날 수도 있었지요. 어린 소녀를 낫게 해 주시던 그때처럼, 폭풍을 잔잔하게 하시고, 오천 명을 먹이시던 그때처럼 말이에요.

하지만 예수님은 그대로 계셨어요. 사람들은 몰랐어요. 예수님을 거기 붙들어 둔 것은 못이 아니었어요. 사랑이었어요.

"아빠!" 예수님은 애타게 하늘을 살피며 부르셨어요. "아빠? 어디 계십니까? 저를 떠나지 마세요!"

그런데 그때만은 그분이 어떤 말씀을 하셔도 아무 일도 일어나지 않았어요. 그저 끝없이 오싹한 침묵뿐이었지요. 하나님은 대답하지 않으셨어요. 자기 아들에게서 고개를 돌리셨어요.

예수님의 얼굴에 눈물이 흘러내렸어요. 모든 눈에서 모든 눈물을 닦아 주실 그분의 얼굴에 말이에요.

한낮인데도 으스스한 어둠이 온 세상을 덮었어요. 해가 빛을 잃었어요. 땅이 요동하고 큰 산들이 흔들렸어요. 바위들이 둘로 갈라졌어요. 그러다가 온 세상이 부서질 것 같았어요. 모든 자연 만물이 무너져 내릴 것 같았어요.

죄에 대한 하나님의 큰 분노가 폭풍의 사나운 위력으로 내려오고 있었어요. 사람들 대신 그분의 아들 위로 내려온 거예요. 하나님이 마음에 죄가 가득한 사람들을 멸하시지 않고서 죄를 멸하시는 길은 그것뿐이었어요.

그때 예수님이 큰 소리로 부르짖으셨어요. "다 이루었다!" 그랬어요. 그분은 해내셨어요. 예수님이 온 세상을 구하신 거예요.

"아버지!" 예수님이 외치셨어요. "제 목숨을 아버지께 드립니다." 그리고 그분은 큰 숨을 내쉬시고 친히 목숨을 거두셨어요.

이상한 구름과 어둠이 하늘에 가득했어요. 자주색, 주황색, 검은색 하늘은 꼭 멍이 든 것 같았어요.

예수님의 친구들은 살살 예수님을 옮겼어요. 그들은 바위를 깎아 만든 새 무덤 안에 예수님을 두었지요.

예수님이 어떻게 죽으실 수 있나요? 무엇이 잘못된 것일까요? 이것이 무슨 뜻일까요? 그들은 아무것도 몰랐어요. 다만, 자기들의 마음이 무너지고 있다는 것만 알았을 뿐이죠.

"이걸로 예수는 끝났다." 지도자들은 말했어요.

그들은 확실히 해 두려고 힘센 병사들을 보내서 무덤을 지키게 했어요. 또 큰 돌을 굴려서 무덤 입구를 막았어요. 아무도 들어가지 못하게요.

그리고 밖으로 나오지도 못하게요.

깜짝 놀라게 하신 하나님

예수님의 부활 마태복음 28장, 마가복음 16장, 누가복음 24장, 요한복음 20장

예수님의 친구들은 슬펐어요. 가장 친한 친구를 다시는 볼 수 없게 되었으니까요. 어떻게 이럴 수 있을까요? 예수님은 구원자가 아니셨던가요? 그분은 하나님이 약속하신 왕이 아니셨던가요? 이렇게 끝나서는 안 되는 거였어요.

맞아요, 하지만 진짜 끝이었을까요?

사흘째 날, 먼동이 트기 직전에 하나님은 지진을 보내셨어요. 그리고 천국에서 천사도 보내셨지요. 호위병들은 천사를 보고는 무서워서 엎드러졌답니다. 천사는 그 큰 돌을 옆으로 굴리고는 그 위에 앉아서 기다렸어요.

첫 새벽 빛이 희붐할 때에 막달라 마리아와 다른 여자들은 예수님의 시신을 씻어 드리려고 무덤으로 향했어요. 나뭇잎과 풀잎에는 이슬방울들이 영롱하게 빛나고 있었죠. 마치 눈물처럼요. 올리브 숲 사이로 가파른 길을 말없이 걸어 드디어 무덤에 닿은 친구들은 모두 놀랐어요. 무덤이 활짝 열려 있었던 거예요.

그들은 입구에서 어두운 무덤 속을 가만히 들여다보았어요. 그런데 이게 어찌 된 일인가요. 예수님의 시신이 없었어요!

그뿐만이 아니었어요. 어떤 빛나는
사람이 눈부신 옷을 입고 거기 있었지요.
"무서워하지 말라." 천사가 말했어요.
하지만 그들은 얍짝 놀라 비명을 질렀어요.
천사가 그들에게 물었어요. "여기서
무엇을 하고 있느냐? 여기는 무덤이다.
무덤은 죽은 사람들을 두는 곳이다."
여자들은 아무 말도 못하고 있었어요.
천사가 말했어요. "예수님은 이제는
죽은 몸이 아니시다! 그분은 다시
살아나셨다!"
그들은 얍짝 놀랐어요. 그때
천사가 어찌나 기쁘게 웃던지
그들은 잠시나마 아둠에서
깨어난 기분이었어요.

다른 여자들은 서둘러 돌아갔지만 마리아는 뒤에 남았어요. 어떻게 이런 일이 일어날 수 있을까요? 분명히 숨을 거두신 예수님이 어떻게 살아 계실 수 있지요? 바로 그때 주변에서 다른 사람의 말소리가 마리아에게 들렸어요. 마리아는 생각했죠. '묘지를 지키는 사람인가 보다. 이 사람은 예수님의 시신이 어디 있는지 알겠지.'

마리아는 다급하게 말했어요. "예수님이 어디 계신지 모르겠어요! 찾을 수가 없어요."

하지만 괜찮았어요. 예수님은 마리아가 어디 있는지 아셨으니까요. 그리고 이렇게 마리아를 찾아오셨어요. "마리아야!"

마리아의 이름을 그렇게 부르실 수 있는 분은 딱 한 분밖에 없었어요. 마리아는 자기 심장이 두근거리는 소리를 들었어요. 마리아는 돌아섰죠. 형체만 보였어요. 마리아는 손으로 빛을 가리고 보았어요. 그리고 꿈인 줄 알았지요. 그러나 마리아는 꿈을 꾸는 게 아니었답니다. 정말로 보고 있었던 거예요.

"예수님!"

마리아는 바닥에 엎드렸어요. 갑자기 눈물이 솟아나서 마리아는 온몸을 들썩이며 마구 흐느꼈어요. 그 순간 마리아에겐 예수님을 붙잡고 절대로 놓아 드리고 싶지 않은 마음뿐이었답니다.

예수님이 가만히 말씀하셨어요. "마리아야, 나를 꼭 붙잡고 늘 내 곁에 있을 수 있는 날이 곧 올 것이다. 그러나 지금은 가서 다른 사람들에게 내가 살아 있다고 말해주렴!"

　마리아는 마을까지 줄곧 달리고 또 달렸어요. 평생 그렇게 빨리, 그렇게 멀리 달려 본 적은 없었죠. 그렇게 언제까지나 달릴 수 있을 것만 같았어요. 발이 땅에 닿는 것조차 느껴지지 않았어요. 해님도 반짝반짝 춤추며 하늘을 뛰어다니는 것 같았어요. 해는 맑고 상큼한 공기 속에서 이전 어느 때보다도 밝게 빛나며 마리아와 함께 달리는 것 같았어요.

　마치 온 세상이 새로워진 듯했어요. 온 세상이 기뻐 노래하는 것 같았어요. 나무들도, 풀밭의 작은 소리도, 새들도, 마리아의 마음까지도 말이에요.

하나님은 정말 모든 슬픈 일들을 없애고 계셨던 걸까요?
죽음마저도 없애고 계셨던 걸까요?
　마리아는 예수님의 친구들에게 말해 주고 싶었어요.
'그들은 믿지 않겠지!' 마리아는 웃음이 났어요.
　물론 그랬답니다.

집으로

예수님의 승천 마태복음 28장, 마가복음 16장, 누가복음 24장, 요한복음 14장

예수님의 친구들은 두려웠어요. 그래서 문을 꼭 걸어 잠그고는 어느 이층 방에 숨어 있었죠.

하지만 그것이 예수님을 막지는 못했지요. 그분은 그냥 벽을 통과해서 들어오셨답니다.

"유령이다!" 도마가 소리를 지르며 책상 밑에 숨었어요. 그러나 유령이 아니었지요.

예수님이 말씀하셨어요. "배가 고프구나. 점심은 무엇이냐?" 베드로가 그분께 생선을 드렸어요.

그들은 다 뒤로 주춤하며 예수님이 생선 드시는 것을 지켜보았어요. "있을 수 없는 일이다. 불가능한 일이다. 진짜가 아니야." 그들이 말했어요.

하지만 바로 눈앞에서 실제로 벌어진 일이었어요.

"맛이 좋구나!" 예수님은 손등으로 입을 닦으시며 웃으셨어요.

"유령이 이렇게 할 수 있겠니?" 그분은 한쪽 눈을 찡긋하셨어요. 그러자 다들 웃었답니다.

"나는 정말 여기 있다!" 예수님이 말씀하셨죠. 정말로 그분은 거기 계셨어요.

베드로의 마음은 기뻐서 콩닥콩닥 뛰었지요. 그는 예수님의 품에 와락 안겨서 그분을 끌어안고 입을 맞추었어요. 다른 사람들도 뒤를 이었고요. 그들은 행복해서 가슴이 터질 것만 같았어요.

친구들은 함께 먹으며 즐겁게 이야기를 나누었어요. 그러면서도 이따금 그들은 예수님을 물끄러미 바라보곤 했어요. 그리고 이게 꿈이 아니라는 것을 확인하려고 그분을 만져 보았답니다.

예수님의 몸은 진짜 몸이지만 더 좋은 몸이었어요. 죽음을 이기고 나오신 몸이었고, 다시는 병들거나 죽을 수 없는 몸이었지요. 영원히 살 몸이었어요. 예수님은 전혀 새로운 몸으로 돌아오셨던 거예요.

슬픔만 사라지고 있었던 게 아니에요. 친구들은 자기들이 다시 새로워지고 있음을 깨달았어요. 하나님께서 모든 것을 새롭게 하시려는 것일까요?

예수님이 말씀하셨어요. "나는 세상의 구주요 구원자다." 그들은 이제부터 모든 것이 다 회복되리라는 것을 알았어요. 예수님이 죽음에 머물지 않고 다시 살아나셨으니까요.

며칠 후에 그들이 함께 걷고 있는데 예수님이 친구들에게 말씀하셨어요. "이제 내가 집으로, 내 아버지께로 갈 때가 되었구나."

그들은 다 얼굴에 수심이 가득했어요. 문득 예수님이 죽으시기 전에 자기들에게 하셨던 말씀이 떠올랐어요. 그때 예수님이 말씀하셨지요. "너희를 위한 장소를 내가 준비해 두겠다. 너희는 그 길을 안단다."

그러자 도마가 어리둥절해서 말했어요. "저는 거기로 가는 길을 모릅니다!"

"아니, 너는 알고 있어." 예수님이 말씀하셨지요. "내가 곧 길이요 진리요 생명이다."

이윽고 모두 예루살렘 근처의 가장 높은 산꼭대기에 이르자 예수님이 그들을 보시며 말씀하셨어요. "모든 곳에 가서 사람들에게 이 기쁜 소식을 말해라!"

"사람들에게 말하기를, 내가 그들을 아주
많이 사랑해서 그들을 위해 죽었다고 해라.
이것이 그 더러운 거짓말을 이기는 진리다.
하나님은 그분의 자녀를 사랑하신단다.
그럼! 사랑하시고말고!"

갑자기 온 하늘이 눈부신 빛으로
가득했어요. 예수님이 말씀하셨어요.
"이제 모든 사람이 하나님 집에 올 수 있다.
죽음은 너희의 끝이 아니야. 너희는
천국에서 너희 아버지와 함께
영원히 살 수 있지. 내가
온 세상을 구했기
때문이란다!"

이어서 아주 희한한 일이 벌어졌어요. 예수님이 밝은 하늘로 점점 더 높이 떠오르시는 거예요. 사람들은 손으로 햇빛을 가리고 그분이 가시는 것을 지켜보았죠. 마침내 구름이 예수님을 가려서 더는 보이지 않았어요. 그들은 오랫동안 그렇게 서서 하늘을 올려다보고 있었어요.

갑자기 빛나는 사람 둘이 나타나서 그들에게 물었어요.

"너희는 무엇을 하고 있느냐? 예수님은 천국으로 올라가셨다. 그러나 언젠가 다시 오실 것이다. 너희가 가시는 것을 본 것과 똑같은 모습으로, 천국에서, 하늘에서 오실 것이다."

예수님의 친구들은 마음속에 신기한 기쁨을 품고 예루살렘으로 돌아갔어요. 그들의 마음에는 예수님의 말씀이 남았어요.

"비록 너희가 나를 다시 보지 못할지라도 나는 절대로 너희를 떠나지 않겠다. 나는 반드시 너희와 함께 있을 거야. 그렇다! 언제까지나 늘 그럴 것이다!"

"예수님이 어떻게 우리와 함께 계시면서 동시에 우리를 떠나실 수 있을까?" 그들은 궁금했어요.

그들은 몰랐던 거예요.

하지만 곧 알게 된답니다.

성령을 보내신 하나님

오순절 사도행전 1~5장, 요한복음 15장

예수님의 친구들은 갑갑한 이층 방에 함께 모여 있었어요. 바깥에는 햇빛이 밝았지만 덧창은 굳게 닫혀 있었죠. 문도 잠겨 있었고요.

예수님은 전에 그들에게 말씀하셨어요. "예루살렘에서 기다려라. 내가 너희에게 특별한 선물을 보내겠다. 하나님의 능력이 너희 안에 들어올 거야. 하나님의 성령께서 오실 것이다."

그래서 그들은 거기서 기다리고 있었던 거예요. 사실 그들이 한 일은 그냥 무서워서 숨어 있는 게 전부였지만요. 그들을 탓할 수는 없어요. 가장 친한 친구는 떠나셨지요, 규칙을 가르치는 사람들과 지도자들은 그들을 잡으려고 하지요, 또 예수님이 그들에게 일을 맡기기는 하셨지만 어떻게 해야 할지는 몰랐거든요.

기다리면서 그들은 기도했어요. 그리고 기억했어요. 하나님이 맨 처음부터 비밀 구원 계획을 어떻게 이루어 오셨는지 떠올렸던 거예요.

갑자기 작은 방에 강한 바람이 가득해졌어요. 벽을 뚫고 들어온
바람에 바닥의 지푸라기가 나풀거렸지요. 그리고 모든 사람의 머리
위에, 어둠침침한 곳을 밝히면서 불꽃이 어른거렸어요. 불이 있는데도
사람들은 다치거나 데지 않았어요. 그뿐만이 아니었어요. 그들의
마음속이 이상하게 뜨거워졌어요. 마치 모든 차가움과 딱딱함이
녹아 없어지는 것 같았어요. 자신들의 망가진 마음이 고쳐지는 것
같았어요. 하나님이 그들에게 새로운 마음을 주고 계셨던 거예요.

그들은 어찌 된 일인지 몰랐어요. 다만 하나님의 능력이 자기들의
마음을 불타오르게 했다는 것과, 예수님이 친히 오셔서 자기들 안에
사시게 되었다는 것을 알았어요.

그들은 예수님이 떠나가시는 것을 보았지만, 지금 그분은 이전 어느
때보다도 더 가까이 계셨어요. 그들의 마음속에 말이에요. 그리고
이번에는 아무것도 그들과 그분을 절대로 갈라놓을 수 없었죠.

예수님은 언제나 그곳에 함께 계시며 그들을 사랑하실 거예요.
그들의 마음에서 독과 병과 더러운 거짓말을 없애 줄 약속의 말씀을
속삭여 주실 거랍니다. 하나님이 그들에게 주신 "너는 내 자녀다,
나는 너를 사랑한다"라는 그 놀라운 약속을 말이에요.

예수님은 전에 말씀하셨어요.

"내가 너희 안에 사는 것처럼 너희도 내 안에서 살거라."

그분이 그들 안에 사신다는 게 정말일까요? 그래요, 천국이 그들의
마음속에 들어오고 있었어요.

그들은 덧창을 활짝 열었어요. 그들의 마음속에 가득 밀려든
사랑처럼 햇빛이 방 안에 쏟아져 들어왔지요. 그리고 작은 방은
즐거운 웅성거림으로 가득했어요. 춤추는 발소리, 노랫소리, 웃음소리.

그들은 문을 열고 거리로 나갔어요. 마치 하나도 두렵지 않다는 듯이
말이에요.

모든 사람에게 잘 들리도록 베드로가 큰 소리로 말했어요.
"예수님은 여러분을 사랑하셔서 여러분을 위해 죽으셨습니다! 그러나
하나님이 그분을 다시 살리셨습니다. 그분이 여러분을 구하셨습니다!"

사람들은 걸음을 멈추고 들었어요. 그 말은 사람들의 마음속에 깊이
박혀서 약처럼 사람들을 낫게 했어요. 죽이는 독을 없애는 해독제처럼,
사람을 깊은 잠에서 깨우는 입맞춤처럼 말이에요.

베드로가 말했어요.
"하나님을 피하여 달아나던 것을 그만두십시오.
대신 그분에게 달려가십시오! 여러분에게
자유를 주실 수 있도록 말입니다."

베드로는 그들에게 포기하지 않는
하나님의 사랑 이야기를 들려주었어요.
예수님이 어떻게 오셨는지도, 또 어떤
일들이 있었는지 말해 주었어요.

그때 예루살렘에는 먼 나라들에서 온 사람들이 많이 있었어요. 그들의 언어는 각기 달랐답니다. 그런데 베드로의 말을 들을 때 모두 그의 말을 알아들을 수 있었어요. 각자 자기네 언어로 말이에요!

많은 사람이 믿었어요. 그리고 예수님의 새 친구들이 되었어요. 예수님의 놀라운 소식은 널리 퍼져 나갔죠.

날마다 점점 더 많은 사람이 믿었어요.

이렇게 해서 하나님 자녀인 가족, 즉 그분의 특별한 백성은 갈수록 더 많아졌답니다.

사울이라는 사람이 그것을 지켜보고 있었어요. "내가 이것을 막아야겠다!" 사울이 말했어요. 하지만 그것은 하나님의 계획 이었어요. 온 세상의 그 어느 것도 절대로 그것을 막을 수는 없지요.

보는 눈이 달라진 사람

바울 이야기 사도행전 6~9, 12~28장, 골로새서 2장, 로마서 8장, 에베소서 2장

규칙을 지키던 모든 사람 중에서도 으뜸은 사울이었어요.

"나는 뭐 하나 빠지지 않지!"

그렇게 말할 만한 사람이었지요. 그는 아주 교만했어요. 아주 훌륭했지만, 썩 좋은 사람은 아니었답니다.

사울은 예수님을 사랑하는 사람들을 미워했어요. 그래서 그들을 찾아서 여기저기 돌아다녔죠. 모조리 잡아다 감옥에 넣고 싶었던 거예요. 사울은 모든 사람이 예수님에 대해서 다 잊어버리기를 원했어요. 그는 예수님이 구원자라는 것을 믿지 않았어요. 예수님이 살아 계시다는 것도 믿지 않았고요.

사울은 한 번도 예수님을 만난 적이 없었어요.

그런데 어느 날 예수님이 사울을 만나 주셨답니다.

사울

사울이 다마스쿠스로 가고
있는데 갑자기 눈부신 빛이
번개처럼 비쳐 왔어요. 햇빛보다
더 밝았어요. 너무 밝았어요.
사울은 손으로 빛을 가리며
바닥에 고꾸라졌지요.

그때 그에게 큰 목소리가
들려왔어요. 소리가 너무 커서
머리가 아팠어요.

큰 목소리가 말했어요.
"사울아! 사울아! 너는 왜 나와
싸우고 있느냐?"

사울이 대답했어요. "주여,
누구십니까?"

그 목소리가 말했어요. "나는
예수다. 네가 내 친구들을 해치는
것은 또한 나를 해치는 것이다."

사울은 온몸이 덜덜 떨렸어요.

예수님이 말씀하셨어요.
"도시로 가라. 네가 어찌해야
할지 내가 일러 주겠다."

사울은 눈을 떴지만 앞이 보이지 않았어요. 어린아이를 데려가듯이
사울의 손을 잡고 도와주어야 했답니다. 사울은 꼬박 사흘 동안 앞을
보지 못했어요. 하지만 마치 처음으로 정말 앞을 보는 것 같았죠.

한편, 예수님을 사랑하는 아나니아라는 사람이 있었어요. 예수님은
꿈속에서 그를 찾아가셨어요. "사울한테 가서 그를 위해서 기도해
주어라. 그러면 내가 그에게 다시 앞을 보게 해 주겠다."

아나니아는 사울에 대해서 이미 알고 있었어요. 예수님을 따르는
사람들을 사울이 얼마나 미워하는지도 알고 있었고요. "주님, 그
사람은 우리를 해치려고 왔습니다!"

그러나 예수님이 아나니아에게 말씀하셨어요. "사울은 온 세상에
내가 누구인지를 전하라고 내가 택한 사람이다."

그래서 아나니아는 사울에게 갔어요. "사울 형제님, 당신이 오는
길에서 만난 분이 예수님이십니다." 그리고 아나니아는 사울을 위해서
기도해 주었답니다.

그러자 사울은 다시 앞을 보게 되었어요. 그런데 모든 것을 보는
눈이 달라졌어요. 그는 더 이상 못된 사람이 아니었어요. 그는 이름까지
사울에서 바울로 바꿨어요. 바울은 '작고 겸손하다'라는 뜻이랍니다.
교만과는 정반대지요.

아나니아의 이름은 무슨 뜻인지 아세요? '주님은 은혜가 넘치신다'
라는 뜻이에요. 은혜는 선물을 다르게 말한 거예요. 재미있죠! 그때부터
바울은 다름 아닌 은혜의 말씀을 전하게 되었으니까요.

바울

바울이 사람들에게 말했어요. "중요한 것은 규칙을 지키는 것이 아닙니다! 여러분이 훌륭하지 않아도 하나님은 여러분을 사랑하십니다. 여러분은 예수님이 이미 하신 일을 믿고 그분을 따르기만 하면 됩니다. 중요한 것은 행동이 아니라 믿음이기 때문입니다. 중요한 것은 규칙이 아니라 은혜입니다. 그것은 하나님의 값없는 선물입니다. 우리에게 그 선물을 주시려고 하나님은 모든 것을 다 잃으셨습니다."

바울이 어떻게 된 것일까요? 예수님을 만나서 그렇게 되었지요. 바울에게 새 일이 생겼어요. 그는 자신을 '종'이라고 부르면서 여러 곳을 다니며 사람들에게 예수님에 대해서 말해 주었어요. 그가 탄 배가 세 번이나 난파되었어요! 결국 감옥까지 갔지요.

그는 감옥에서 글을 썼어요. "하나님은 우리를 사랑하십니다! 하나님은 예수님을 통해서 자신의 사랑을 보여 주셨습니다. 절대로 그만두거나 포기하지 않는 사랑, 끊어지지 않고 언제까지나 영원한 그 사랑에서 우리를 갈라놓을 수 있는 것은 아무것도 없습니다! 절대로 없습니다!"

이렇게 해서, 먼 옛날 그 캄캄한 밤에 하나님께서 아브라함에게 약속하셨던 그대로 하나님의 자녀인 가족이 자꾸자꾸 많아졌답니다. 언젠가 그들은 하늘의 모든 별들보다도 더 많아지게 될 거에요.

천국의 꿈

요한이 내다본 미래 요한계시록 1, 5, 21~22장

요한은 예수님의 친구들 가운데 하나였어요. 노인이 된 그는 어떤 섬에 살고 있었답니다. 멋있어 보일지 모르지만 사실 그곳은 감옥이었어요. 지도자들은 예수님 이야기를 못하게 하려고 요한을 그곳에 가두었죠. 하지만 감옥이나 섬이나 바다 한복판에 살게 한다고 해서 하나님의 계획을 막을 수 있을까요?

어느 날 아침에 예수님이 나타나셨어요. 바로 그곳, 요한의 감옥에 말이에요. 예수님의 눈은 해처럼 밝게 빛났어요. 예수님이 말씀하셨답니다. "요한아, 내가 너에게 비밀을 보여 주겠다. 내가 다시 올 때에 대한 비밀이란다." 그분의 목소리는 세찬 물소리 같았어요. "네가 보는 것을 책으로 써라. 하나님의 자녀가 읽고서, 기쁘고 벅찬 마음으로 기다릴 수 있도록 말이다."

그러고 나서 예수님은 요한에게 아름다운 꿈을 주셨어요. 사실은 요한은 멀쩡히 깨어 있었답니다. 그리고 그가 본 것은 실제였고, 어느 날 그대로 다 이루어질 거예요.

내가 보니 왕좌가 있다. 그리고 왕좌에 왕이 계신다.
그 왕은 예수님이시다. 왕좌를 빙 둘러 사람들이 절을
하고 있다. 그들은 그분께 자기의 보물을
드리고 있다.

커다란 환호성과
우렁찬 박수소리와 밝은
웃음소리가 들린다.
꼭 수천의 폭포수 소리 같다.
모두 갑자기 새 노래를 부른다.

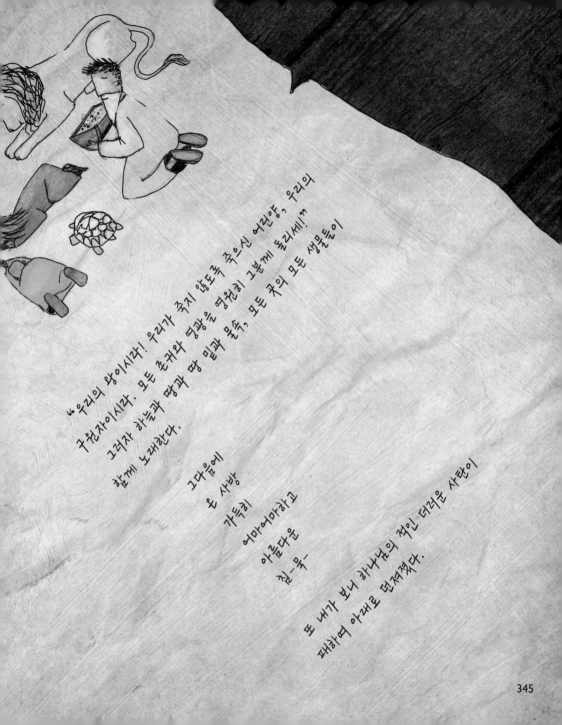

"우리의 왕이시다! 우리가 죽지 않도록 주으신 어린양, 우리의 구원자이시라. 모든 존귀와 영광을 영원히 그분께 돌리세!"

그러자 하늘과 땅과 땅 밑과 물수, 모든 곳의 모든 생물들이 함께 노래한다.

그다음에
온 사방
가득히
어마어마하고
아름다운
침－묵－

또 내가 보니 하나님의 적이 더러운 사탄이
패하여 아래로 던져졌다.

내가 보니 하늘에 찬란히 빛나는 도시가 있다.

그 도시가 반짝반짝 환한 빛을 내며 천국에서,
하늘에서 내려오고 있다!
천국이 땅으로 내려오고 있다!

하나님의 도시는 아름답다. 황금과 벽옥과 사파이어로 된 벽돌.
정글을 잃고 넙쩍한 길도. 열두 달리지 않는 빛나는 진주 문도.
왜는 어디 있는가? 달은 어디 있는가?
하나님은 사람들에게 필요한 모든 빛이시다.
다시는 어둠이 없다! 다시는 밤이 없다!

그때 용이 말씀하십니다.

"보라! 달아나던 그들과 그들의 자녀가 다시 함께 있노라. 죽거나 외롭거나 일이 다시는 없다. 숨도 있도 아프거나 죽는 일도 다시는 없다. 두려움 일도 다시는 없다. 때문이다. 그렇다. 옛것이 사라졌다. 그 모든 것들은 사라졌기 그리고 보라! 내가 모든 눈에서 모든 눈물을 닦아 주셨노라!"

"보라! 내가 모든 것을 새롭게 하노라!"

그때 하늘에서 그러라고 아름다운 무소리가 천둥처럼 울리며 이렇게 말씀하십니다.

요한이 본 모든 것은 어떤 말로도 어떤 글로도 다 설명하기 어려운 일이었어요. 온 세상의 모든 말로도 모든 책으로도 절대 부족할 테니까요.

예수님이 말씀하셨어요. "나는 시작과 끝이다!"

요한은 알았어요. 어느 날 천국이 내려와서 하나님의 망가진 세상을 고칠 것을, 그리고 다시금 천국이 진짜 우리의 흠잡을 데 없는 집이 될 것을 말이에요.

자못 신비로워서 설명하기는 어렵지만 그는 또 알았어요. 한때 그토록 슬펐었기에 모든 것이 더욱더 놀라워지리라는 것을요.

그는 또 이 이야기의 끝이 아주 멋지리라는 것도 알았어요. 모든 슬픔과 눈물과 어두운 것들이 다 아침 햇살에 밀려나는 그림자처럼 될 테니까요.

예수님은 말씀하셨어요. "내가 곧 간다. 금방 도착할 것이다!" 요한은 책을 마칠 때가 되었어요. 하지만 그는 〈끝〉이라고 쓰지 않았답니다. 원래 이야기들의 끝은 그렇게 마무리되잖아요. 하지만 이 이야기는 아직 다 끝나지 않았거든요.

그래서 대신 그는 이렇게 썼어요. "빨리 오세요, 예수님!"

그것은 어쩌면 다음 말을 그냥 다르게 쓴 것일지도 몰라요.

이야기는 계속됩니다.

풀어 쓴 요한복음 1:12~13

누구든지 예수님께 '예'라고 말하면
누구든지 예수님이 하신 말씀을 믿으면
누구든지 그냥 손을 내밀어 받기만 하면
하나님이 그들에게 이 놀라운 선물을 주시리니,
새로운 생명으로
태어나게 하시고,
하나님이 지으신
진짜 자신의 모습,
곧 하나님의 사랑하는 자녀가
되게 해 주신다.

이 이야기는 바로 너의 이야기이다.